고백에서 신학으로
-어거스틴의 고백록 해설-

고백에서 신학으로

- 어거스틴의 고백록 해설 -

정병준 지음

드림북

머리말

　필자는 신대원 시절, 선한용 교수님의 수업을 통해 처음으로 어거스틴의 『고백록』을 접하였다. 그 수업을 들었던 이들은 누구나 교수님의 해박한 신학적 통찰과 재치 있는 유머를 잊지 못할 것이다. 학위를 마친 후 모 신학대학교에서 강의하던 시절, 선한용 교수님을 만나 사제 간의 아름다운 교제를 나누었던 추억이 있다.

　처음 『고백록』을 읽을 때, 1600년 전 고대인의 사유가 이토록 깊고 광대하다는 사실에 경탄하지 않을 수 없었다. 어거스틴의 『고백록』은 인류 역사상 최초로 자기 마음 깊숙이 들어가 철저히 인간의 본질을 분석하며, 죄를 고백하는 영성의 고전이다. 책을 읽어가다 보면, 종교개혁자들의 말씀론·교회론·은총론·성령론이 그 신학적 기초를 어거스틴에게 두고 있음을 발견하게 된다. 또한 『고백록』에 나타난 그의 철학적 사유와 성서 해석학은 존재론, 인식론, 해석학 등 현대 철학의 핵심 주제들과도 긴밀히 연결되어 있음을 알게 된다. 이러한 점에서 『고백록』은 나의 신앙과 신학 교육에 큰 자산이 되었다.

　오늘날 학생들이 신학 고전을 읽고 사유할 기회가 점점 줄어드는 현실이 몹시 안타깝다. 고전(Classic)은 인간의 궁극적 질문에 대해 이미 깊이 사유하고 길을 제시한 글이기에, 인간 이해의 지름길이 된다. 이런 이유로 필자는 학생들에게 어거스틴의 『고백록』 읽기를 꾸준히 권하고 있다.

이 책은 신학교에서 강의하며 사용했던 강의 노트를 발전시킨 것이다. 『고백록』의 신학적 중요성에도 불구하고, 이를 쉽게 참고할 수 있는 자료는 많지 않다. 선한용 교수님은 『성 어거스틴의 고백록 해설』(대한기독교서회)에서 1-9권의 내용을 해설하였으나 안타깝게도 10-13권의 해설을 남기지 않으셨다.

『고백록』 1~9권은 그 깊은 신학적 의미를 충분히 이해하지 못하더라도 자서전적 성격 덕분에 영적 감동을 받을 수 있다. 그러나 10권의 기억론, 11권의 시간론, 12권의 창조론, 13권의 창세기 1장에 대한 은유적 해석은 초보자들에게 상당한 난이도를 요구한다.

이 책은 깊은 영적·학문적 성찰을 충분히 담아낸 전문 연구서는 아니지만, 『고백록』을 공부하고자 하는 이들에게 유익한 입문서가 되기를 바란다. 또한 본문에서는 선한용, 『성 어거스틴의 고백록』(대한기독교서회, 2016)에서 인용문을 발췌하여 사용하였다.

2025년 10월
정병준

목차

머리말	4
책의 개관	7
제1권 유아기와 소년기	15
제2권 열여섯 되던 때의 청년기: 배나무 밑에서	29
제3권 카르타고의 학생 시절과 마니교	36
제4권 유혹하고 유혹받으며, 속고 속이는 삶	43
제5권 마니교의 감독과 기독교의 감독	62
제6권 기독교 신앙, 세상의 욕망	70
제7권 어거스틴의 지적 회심	83
제8권 마음의 회심: 무화과나무 밑에서	99
제9권 어거스틴의 세례와 모니카의 죽음	108
제10권 기억의 신비	119
제11권 시간과 영원	142
제12권 무로부터의 창조, 질료와 형상	155
제13권 창세기 1장에 대한 은유적 해석	178
부록	206
참고문헌	215

책의 개관

어거스틴의 본명 : 아우구스티누스(Augustinus)

1. 어거스틴의 생애

354	11월 13일 북아프리카 타가스테에서 출생(현재 알제리 Souk-ahras)
365-369	마다우라에서 문법교육 (11~15세)
369	집안 형편으로 수업을 중단
371-374	카르타고(현 튀니스)에서 수사학 공부(17~20세), 동거생활로 18세에 아들 아데오다투스 탄생, 키케로의 『호르텐시우스』를 통해 철학에 눈을 뜸, 마니교에 심취
375	타가스테로 돌아와 수사학 교사 생활(21세)
376	카르타고에서 7년간 수사학 교사 생활(22~29세) 마니교 감독 파우스투스를 만난 후 크게 실망
383	로마에서 교수 생활(29세), 아카데미 학파의 회의론에 접촉
384	밀라노의 수사학 교수(30세)가 되어 암브로시우스 감독을 만남

385	모니카는 밀라노에 와서 생활
386	밀라노의 정원 회심(32세) 카씨키아쿰에서 6개월 휴양, 세례를 준비
387	부활주일에 아데오다투스와 알리피우스와 함께 세례 받음(33세) 모니카와 함께 오스티아의 신비체험, 모니카의 사망, 일행과 함께 로마로 가서 교회 지도자를 만나고 저술 활동
388	타가스테로 귀향, 수도원 설립(34세)
390	아들 아데오다투스와 네브리디우스 사망
391	히포의 감독 발레리우스에 의해 사제 서품(37세)
395	감독으로 성별
396	발레리우스 감독의 사망으로 히포의 감독 계승(41세)
397-400	『고백록』 저술(43~46세)
400-428	『삼위일체론』 저술(46~74세)
403-412	도나투스파와 논쟁(49~58세)
410	고트족의 로마 함락
412-421	펠라기우스파와 논쟁(49~67세)
413-426	『하나님의 도성』 저술(50~72세)
430	5월, 반달족의 히포 포위, 8월 28일 사망(76세)

* 참고, 선한용, 『성 어거스틴의 고백록』 20-22, 27

어거스틴의 행적이 관련된 지도

타가스테-마다우라 (30km)

밀라노-카씨키아쿰 (33km)

교부(敎父, Church Father)

교부는 기독교 전통의 신앙을 증언하고 교리 형성에 기여한 인물들에게 주어진 칭호로, 주로 4~5세기 삼위일체론과 기독론 정립에 기여한 주교들에게 적용되었다. 그러나 제롬처럼 주교가 아닌 인물에게도 예외적으로 사용되었으며, 서방교회는 7세기 대그레고리우스까지, 동방교회는 8세기 다마스쿠스의 요한까지를 교부로 인정한다.

카르타고의 중요성

터툴리안, 키프리안, 어거스틴 같은 위대한 교부들을 배출하며 고대 서방교회 신학의 중심지 역할을 했다. 이는 동방교회 신학의 중심지였던 알렉산드리아와 대조되며, 서방교회의 정치·행정 중심지였던 로마와도 구별된다.

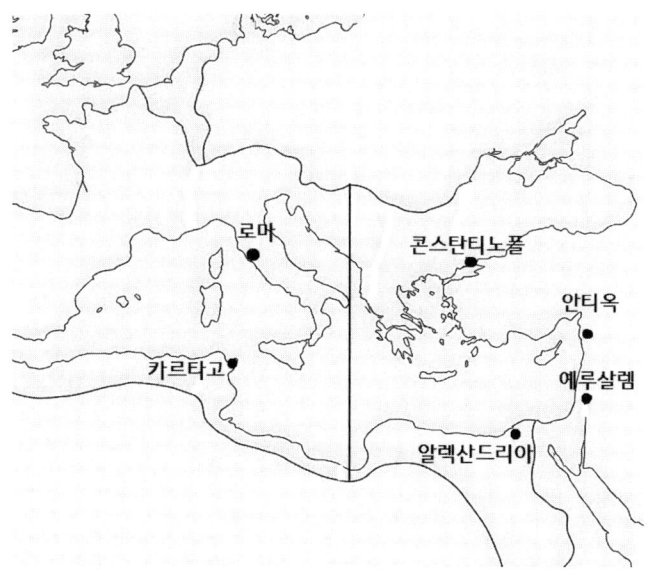

어거스틴은 113권에 달하는 방대한 저술과 200편 이상의 서신, 500편 이상 보존된 설교를 남겼으며, 실제로는 3,000편이 넘는 설교를 했을 것으로 추정된다. 그는 성경 각 권에 대해 깊이 있는 주석서를 남긴 신학자로, 서양 기독교 사상의 기초를 세운 인물로 평가받는다. 철학자 에드문트 후설은 근대의 어떤 사상가도 시간 문제에 관한 한 어거스틴의 업적을 능가할 수 없었다고 평가했다. 폴 틸리히는 자신의 신학이 어거스틴 사상의 계열에 속해있다고 고백하였다. 다니엘 윌리엄스는 서양 기독교 사상사는 결국 어거스틴을 인용하는 각주에 불과하다고 평가할 정도로 그의 영향력은 절대적이다.

2. 『고백록』은 어떤 책인가?

1) 『고백록』(Confessions)은 복수 형태
① 하나님을 찬양하는 고백 (confessio Laudis) : 기도의 형식(1.1.1)
② 죄를 회개하는 고백 (confessio peccatorum)
③ 신앙을 고백 (confessio fide): 신앙을 합리적으로 고백
④ 부모의 회심, 알리피우스의 회심 등 다양한 사람의 고백

2) 고백의 대상
① 하나님 : 대화 상대
② 교인, 동포, 독자
③ 자기 영혼 : 독백

3. 『고백록』의 저술 동기

1) 하나님을 사랑하고 찬양하도록 마음을 일깨우기 위해
"이 고백을 통하여 당신께 향하는 나의 사랑과 독자들의 사랑이 일깨워져서 다같이 '주님은 위대하시니 크게 찬양을 받으실 만합니다.'라고 말하기 위함입니다. … 당신이 이미 시작하신 대로 우리를 온전히 자유롭게 해주시기 원해서입니다. … 당신 안에서 행복을 누릴 수 있을 것입니다."(11.1.1)

2) 기독교인이 되는 과정을 보여주기 위해(회심)

교회는 박해 시기에 신앙을 지키기 위해 묵시론과 순교를 가르쳤다. 그러나 국교화(380: 테살로니키 칙령) 이후 회심없이 신자가 된 명목적 기독교인들을 경고하기 위함이었다. 기독교는 언제나 1세대의 결단을 통해 이루어진다.

3) 기독교인으로 어떻게 살아야 하는지를 가르치기 위해(윤리)

어거스틴은 사랑의 질서를 지켜, 하나님의 법에 따라 올바르게 판단하고 행동해야 함을 역설했다.

4) 기독교 신앙의 핵심 교리를 설명하기 위해(신학)

창조, 신, 인간, 그리스도, 시간, 죄, 은총 등 주요 신학 주제를 자신의 삶을 통해 풀어내며, 자서전적 신학(autobiographical theology)과 이야기 신학(story-telling theology)의 전형을 제시했다.

5) 죄의 근원을 내면에서 찾고 해결을 제시하기 위해

박해 시대의 외적 적대자는 로마와 사탄이었으나, 이제 마귀는 내 안에 있는 왜곡된 의지이다. 진정한 회복은 밖이 아니라 내면의 전환에서 시작된다고 강조했다.

6) 내부와 외부의 비판에 대한 응답을 위해

어거스틴은 자신의 방탕했던 삶과 마니교에 빠졌던 과거를 솔직하게 고백하며, 회심과 세례, 수도원 설립에 대한 의심에 답하고 도나투스파의 비판에 대해 자신을 변호한다. 이는 변명이 아니라 죄를 드러냄으로써 자신을 낮추고 하나님을 찬양하기 위함이다.

4. 『고백록』의 구조

1) 1~9권은 과거의 삶에 대한 회개와 고백을 통해 하나님의 은혜를 드러내며, 그 청중은 보편 대중을 대상으로 한다.

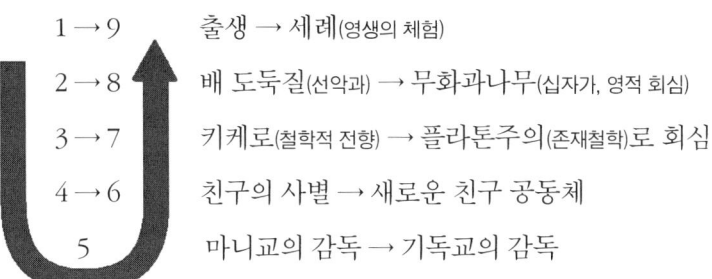

2) 10권은 기억의 구조를 탐구하며 현재 자신의 영적 상태를 고백하고, 교회 공동체를 대상으로 고백한다.

3) 11권은 창1:1을 중심으로 창조와 시간의 문제를 탐구하고, 12권은 창세기 1:1~2절을 해석하면서 "무로부터 창조"에 대한 신학적 의미를 규명한다. 13권에서는 창1:2~2:3을 은유적으로 해석하면서 하나님과 영원의 관계를 통해 창조-타락-회심-완성의 대서사를 구성한다.

5. 『고백록』을 읽는 방법

1) 왜 그렇게 썼을까를 질문하며 저자의 의도를 성찰한다.
2) 본문이 우리에게 제공하는 신학적 의미를 숙고하며, 그 안에 담

긴 신앙의 깊이를 탐색한다.

3) 어거스틴에 대한 지식을 얻는 데 그치지 말고, 자기 자신을 발견하고 새롭게 정의하는 계기로 삼는다.

"누구든 두려워하지 않기를 원한다면, 자신의 내면 깊은 곳을 탐구하라. 표면만 건드리지 말고, 너 자신 속으로 내려가라. 네 마음의 가장 깊은 구석까지 도달하라. 그때 그것을 주의 깊게 살펴보라… 그제야 네가 네 가장 깊은 내면의 모든 것을 체로 걸러냈을 때, 비로소 네가 순수하고 맑다고 말할 수 있을 것이다." (어거스틴의 설교)[1]

---

[1] Peter Brown, *Augustine of Hippo: A Biography*, new edition with an epilogue (Berkeley: University of California Press, 2000), 346.

제1권
유아기와 소년기

어거스틴은 하나님을 향한 찬양으로 고백록을 시작하며, 인간은 하나님을 향하고, 하나님 안에서 안식하는 존재라고 고백한다. 유아기와 소년기의 삶을 회고하면서, 유아기의 의존성과 욕망, 언어 습득의 신비, 학창 시절의 공부와 도덕적 무감각을 회상하며 죄의 경향성을 반성한다. 그 죄 가운데서도 늘 함께하시며 인도하신 하나님께 감사한다.

신학적 주제: 하나님 중심의 인간론(*ad te, abs te, in te*), 신론, 원죄, 은총의 필요성, 영혼 유전설

1. 하나님의 위대하심을 찬양

어거스틴은 하나님을 찬양하는 고백, 죄를 회개하는 고백, 신앙을 고백하는 고백이 하나임을 보여준다.

1) 인간론

"당신은 우리 인간의 마음을 움직여(*exitare*) 당신을 찬양하고 즐기게 하십니다. 당신은 우리를, 당신을 향해서(*ad te*) 살도록 창조하셨으므로 우리 마음이 당신 안에서(*in te*) 안식할 때까지는 편안하지 않습니다."(1.1.1)

『고백록』은 기도로 시작된다. 어거스틴은 하나님을 향한 여정이 인간의 의지에서 출발하지 않고, 하나님의 선행은총으로 시작된다고 말한다. 그는 인간의 세 가지 모습을 드러낸다.

> **본래적 인간**(ad te): 하나님의 창조대로 의도된 인간이며 하나님을 목적으로 삼는 존재
> **비본래적 인간**(abs te): 타락·소외·죄로 불안한 실존이며 자기 사랑을 목적으로 삼는 존재
> **회복된 인간**(in te) : 하나님 안에서 안식하는 존재

2) 안식과 사랑의 관계

> "모든 것은 제 무게로 인해 제자리를 찾아 움직입니다. 그것들이 제 자리를 벗어나면 불안정해지고 제자리에 다시 돌아가면 안정을 찾게 됩니다. 나에게서도 나의 무게는 나의 사랑(*pondus meum amor meus*)입니다. 내가 어떤 방향으로 움직이든지 간에 나는 사랑이 이끄는 대로 움직이게 됩니다."(13.9.10)

하나님을 향한 영혼의 여정은 사랑에서 시작된다. 영혼이 특정한 곳에 머무는 이유는 그것을 사랑하기 때문이다. 영혼은 하나님 안에서만 참된 안식을 얻으며, 그 안식을 누리기 위해서는 하나님을 사랑해야 한다.

3) 하나님을 아는 방법

비본래적 삶의 자리에서 하나님께로 돌아가려고 할 때 이것은 의지와 관계가 변화되어야 한다. 어거스틴은 어떻게 하나님을 알게 되고, 부르며, 본래의 자리로 돌아갈 수 있는지를 질문하고 답한다.

> "믿음 없이 어떻게 사람들이 당신을 부르며 설교하는 자가 없이 어떻게 당신을 믿을 수 있습니까?(롬10:14) … 당신 아들의 인성과 당신의 설교자의 사역을 통해서 나에게 불어넣어주신 내 믿음이 당신을 불러 아룁니다."(1.1.1)

우리의 하나님 인식은 경험이 아니라 선험적이다. 인간 본성에는 이미 하나님을 향한 성향이 있다. 그러나 하나님께 돌아가는 길은 믿음이다. "나는 알기 위해 믿는다"(credo ut intelligam)라는 신앙 명제는 암브로시우스에서 어거스틴을 거쳐 중세 안셀무스로 계승되었다.

2~3. 하나님의 전능과 편재

어거스틴은 범신론을 거부하고 편재설과 만유재신론을 따른다. 범신론(pantheism)은 하나님을 피조물 안에 가두어 창조주와 피조물의 구별을 무시하고 하나님의 초월성을 훼손한다. 반면 만유재신론(panentheism)은 모든 것이 하나님 안에 존재하지만 하나님과 동일하지 않다고 본다. 이는 하나님의 내재성을 강조하면서도 공로주의를 배제하고 은혜 중심의 신론을 추구한다.

> "당신은 모든 것을 포용하고 계시기에 다른 아무것에 의해서도 포용될 필요가 없으십니다."(1.3.3)

> "모든 것이 주 안에 있고, 주로 말미암아 있고, 주를 통해 있사오니, 나도 당신 안에 있지 않으면 존재할 수 없습니다."(1.2.2)

데카르트의 주객 이분법은 주체(나)와 객체(대상)를 분리하여, 주체가 외부 세계를 관찰하고 분석하는 방식으로 인식론을 세운다. 그러나 이 구조는 하나님마저 인간 이성의 대상으로 객체화할 위험이 있다.

어거스틴의 신론은 이 이분법을 넘어 통합적 인식론을 제시한다.
- 인간은 주체로서 세계를 인식하기 이전에 이미 하나님 안에 포함된 존재이다.
- 하나님은 주체와 객체 모두의 근원이자 초월자이므로, 하나님 안에서만 주객 관계가 올바로 이해된다.
- 하나님-나-세계라는 구조 속에서 데카르트의 나-세계 이분법은 극복된다.

4. 하나님의 속성

어거스틴은 하나님 안에서 대조적 속성들이 모순 없이 양립함을 강조하였다. 하나님은
① 초월적이시면서도 내재하시고,
② 자비로우시면서도 공의로우시며
③ 은밀하시면서도 자신을 드러내시고
④ 아름다우시면서 강하시며
⑤ 항상 계시되 어떤 것도 의존하지 않으시고
⑥ 불변하시되 세상을 변화시키시며

⑤ 옛것으로 돌아가지 않으시되 모든 것을 새롭게 하시고
⑥ 항상 일하시되 참된 안식을 누리시며
⑦ 부족함이 없으나 우리를 찾으시고
⑧ 사랑하시되 욕심으로 불타지 않으시며
⑨ 질투하시되 인간처럼 괴로워하지 않으시고
⑩ 일을 변경하시되 뜻과 계획은 변하지 않으며
⑪ 찾으시되 이미 알고 계신 것을 찾으시고
⑫ 궁핍하지 않으시나 얻을 때 기뻐하시며
⑬ 욕심이 없으시되 이자를 요구하시는 분이시다.

그는 하나님의 속성 안에 완전한 조화와 신비의 일치를 보았다. 그것을 올바르게 이해할 때, 무엇인가를 드려 하나님을 빚진 자로 만들고 복을 받으려는 생각은 부정된다.

"항상 창조하시고, 양육하시며, 완성하신다."(1.4.4)

하나님은 창조자, 보존자, 완성자, 심판자로 이해된다. 여기서 "완성"은 끝(finis)이자 목적(telos)으로서, 하나님의 사역은 시작과 과정, 그리고 궁극적 목적까지 모두 포함한다.

5. 하나님과 나의 관계

"내 영혼의 집은 당신이 들어오시기에 너무 비좁으니 넓혀주소서. 폐허가 된 집이니 수리해 주소서. 당신의 눈에 거슬리

게 한 것이 너무 많이 있는 것을 알고 고백하옵니다. … 주님 내가 당신에게 지은 죄를 고백할 때 당신은 내 마음의 죄악을 사하여 주셨던 것을 주님은 알고 계십니다."(1.5.6)

이것은 『고백록』 서론의 결론에 해당한다. 죄용서와 회복의 출발이 하나님께 있음을 인정한다.

6. 유아기에 대한 기억

1) 유아기를 언급

교부 키프리안(d. 258)은 40세 회심 후 세례 이전의 삶을 무의미하게 여겨 언급하지 않았다. 그러나 어거스틴은 유아기까지 회고하며 성찰했다. 그 이유는 유아기와 세례 이전의 삶에도 하나님의 섭리와 은혜가 미쳤음을 보이려 했다. 또한 유아에게 있는 일반 은혜와 원죄를 보이려 했다. 유아가 본능적으로 음식을 조절하는 것은 은혜의 결과이며, 성질을 부리거나 울음으로 보복하는 모습은 원죄의 본성을 드러내는 증거로 보았다.

2) 영혼의 기원에 대한 이론

어거스틴은 『자유의지론에』서 영혼의 기원에 대해 네 가지 이론을 정리했다.

영혼 유전설(Traducianism): 터툴리안과 스토아 철학의 유물론에 근거한다. 육체와 함께 영혼도 부모로부터 전달된다고 본다. 아담의 원죄가 유전된다는 점은 설명되지만, 하나님의 직접적 창조 행위를 약화시킨다.

영혼 창조설(Creationism): 영혼은 출생 시 하나님이 새롭게 창조하신다고 본다. 출생 시 창조설과 사전 창조설로 나뉜다. 영혼은 무죄하게 태어나지만 육체와 결합하며 타락한 본성의 영향을 받는다. 그러나 원죄 전승 문제는 완전히 해결되지 않는다.

영혼 파송설(Mission theory): 영혼은 육체를 다스리고 생명을 불어넣기 위해 파송된다. 육체의 죽음과 운명을 함께하지만 동시에 육체의 부패를 구속하는 사명을 가진다. 육체 안에서 일시적 순례자로 존재하며 육체의 완성을 돕는다.

영혼 타락설(Pre-existence & Fall theory): 본래 선하게 창조된 영혼이 죄로 인해 육체로 떨어졌다고 본다. 플라톤주의·오리겐주의와 유사하며, 영혼이 죄의 벌로 육체라는 감옥에 갇혔다고 이해한다. 그러나 기독교의 창조론과 육체 긍정과 충돌한다.

어거스틴은 원죄의 유전을 인정했기에 영혼 유전설에 가까운 입장이었다. 그러나 영혼의 기원에 대해서는 모른다는 입장을 취했다. 그는 영혼이 하나님께로부터 나와 하나님께로 돌아가는 영혼의 순례와 운명에 더 깊은 관심을 두었다.

"당신은 그들로부터 (부모님) 그들 안에서 적당한 때 나를 지으셨습니다만 나는 그것을 전혀 기억할 수 없습니다."(1.6.7)

"아담 안에서 모두 행복했었는지에 대해서 지금 논하고 싶지 않습니다."(10.20.29)

3) 어거스틴의 시간론

어거스틴은 시간과 영원의 질적 차이를 인정하면서도, 하나님의 영원성의 관점에서 우리의 시간을 탐구한다.

"실로 당신은 최고의 존재자시오, 불변자이시니 당신 안에는 오늘이란 현재가 지나가지 않습니다. 그러나 그 오늘이란 날은 당신 안에서 지나간다고 생각할 수 있습니다. 왜냐하면 모든 시간이 당신 안에 있고 또한 당신이 지탱해 주시기 않으면 오늘이 지나가지도 못하기 때문이다. … 당신의 연대(年代)는 항상 오늘입니다. … 그러나 당신은 항상 같으신 분(시 102:27)으로서 아직 오지 않은 날인 내일의 일들과 지나가 버린 날인 어제의 모든 일들을 당신의 오늘이란 날로 모아 현존케 하십니다."(1.6.10)

하나님은 전체 시간을 영원의 맥락에서 통합하시며, 그의 연대는 언제나 현재이다. 이와 유사하게 하나님의 형상대로 지음을 받은 인간도 기억, 직관, 기대를 현재 속에서 통합할 수 있다. (11.27.34)

7. 유아기의 죄악

1) 죄의 기원

모든 존재는 하나님으로부터 기원하지만, 죄는 하나님이 창조하신 것이 아니다. 죄는 실체가 아니라 자유의지의 왜곡으로 생겨난 비존재적 상태이다.

> "당신은 자연의 모든 것을 지으시고 다스리십니다. 그러나 죄악은 창조하지 않으셨기에 다스리기만 하십니다. … 그런데 나는 죄를 지었습니다."(2.10.16)

원죄(sin as state)는 하나님과의 관계가 파괴됨으로써 인류 전체에 영향을 미치는 타락의 근원이고, 행동의 죄(sin as act)는 원죄의 결과로 나타나는 구체적 행위로 인간의 자유의지에서 비롯된다.

2) 원죄유전설

키케로는 어린아이의 행동에서 인간 본성을 이해할 단서를 보았고, 세네카는 아기가 어머니를 때리는 모습에서 본능적 죄성을 관찰했다. 어거스틴은 이러한 관찰을 근거로 아기에게도 원죄가 있으며, 따라서 유아세례가 필요하다고 주장했다. 죄가 전제되지 않으면 세례의 의미를 설명할 수 없기 때문이다.

"어린아이가 순결하다 함은 그 마음이 좋아서가 아니라 그 몸의 지체가 약한 탓입니다."(1.7.11)

원죄론의 근거는 세 가지로 정리된다.

성경적 근거: 창6:5, 8:21; 시14:2; 마7:11, 12:34; 막8:38; 롬 1:18-32, 3:9, 22, 5:12, 19
교부의 전통: 키프리안과 암브로시우스의 가르침이 있다.
경험적 관찰: 어거스틴은 어린이의 행동에서 죄의 본성을 발견했다.

9. 소년 시절

어거스틴은 소년 시절 학교의 체벌을 회상하며,『하나님의 도성』(21.24)에서 "때로는 배우는 고통보다 벌의 고통을 택한다"고 말했다. 그는『교사론』(De Magistro, 389)에서 교육을 다음과 같이 정의했다.

첫째, 참된 교사는 오직 예수 그리스도이며, 인간 교사는 그리스도를 대행하는 자이다.
둘째, 교사는 학생과 인격적 관계를 맺고 대화를 통해 진리를 전달해야 한다.
셋째, 진리를 가르치는 일은 기쁨의 원천이 되어야 한다.
넷째, 체벌이 아닌 사랑으로 가르쳐야 한다.
다섯째, 문법, 수사학, 논리 등 자유 교과목에 정통해야 한다.

오직 예수 그리스도만이 참된 교사이며, 누구도 스스로 참된 교사라 자처해서는 안 된다.

11. 세례를 연기함

어거스틴은 세 명의 어머니를 통해 하나님의 사랑과 교회의 품을 묘사했다. 육신의 어머니 모니카는 기도와 눈물로 그의 회심을 이끌었고, 영혼의 어머니인 교회는 그를 진리로 인도하며 품는 공동체였다. 또한 영원한 예루살렘은 궁극적으로 도달해야 할 영원한 어머니로서의 교회였다. (9.13.37, 12.16.23)

그는 하늘의 이미지를 사용했지만, 우리는 생명을 잉태하고 찌꺼기까지 품어주는 땅의 이미지로도 어머니 같은 교회의 모습을 이해할 수 있다.

또한 도나투스파와의 논쟁(403~412년, 49~58세)을 통해 교회론과 유아세례론을 체계화하며, 세례의 필요성을 ① 죄의 용서, ② 신앙 공동체의 일원이 됨, ③ 부모와 교회 앞의 믿음의 결단, ④ 하나님의 선행 은총의 표지로 정리했다. 그리고 그는 세례받기 이전 자신의 상태를 이렇게 설명했다.

> "그러나 얼마나 많고 큰 유혹의 파도가 유년기 후에 나에게 닥쳐왔습니까? 이것을 미리 본 어머니는 (세례를 통해) 그리스도의 형상으로 이루어져야 할 무형의 진흙 덩어리와 같은 나를 그 파도에 맡기는 것이 더 낫다고 생각한 것입니다." (1.11.18)

고대 세계에서는 세례 후의 죄는 용서받기 어렵다고 여겨 세례를 연기하는 경향이 있었다. 어거스틴도 자신의 세례가 연기된 것을 오히려 다행으로 여기는 듯한 태도를 보인다.

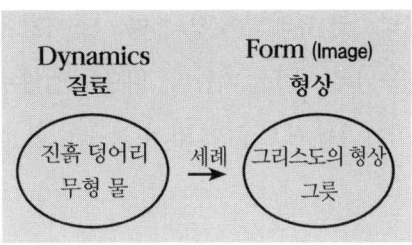

어거스틴은 하나님을 떠난 인간(abs te)을 세례를 통해 그리스도의 형상으로 빚어져야 할 진흙에 비유했다. 형태 없는 에너지는 쉽게 흩어지며, 지나친 에너지는 오히려 형태를 무너뜨린다. 어린이가 에너지에 비해 형태가 약해 올바른 형성(formation)이 필요하듯, 신앙도 에너지와 그것을 담을 영적 인격이 함께 성장해야 한다. 오늘날 사회는 형태가 무너진 시대이기에 에너지가 무질서하게 분출된다. 마찬가지로 그리스도의 형상을 갖추지 못한 기독교는 깊이와 품격을 잃는다.

13. 무슨 공부를 좋아했는지를 말함

어거스틴 시대의 학교 교육 구조는 다음과 같다.

초등교사 : 읽기, 쓰기, 셈하기 (타가스테)

문법교사 : 시(詩)와 문법 (마다우라)

수사학자 : 철학, 언어학, 문학(카르타고)

베르길리우스의 『아이네이스』에서 주인공 아이네이스는 트로이의 패망 후 카르타고로 유배되어 왕녀 디도와 사랑에 빠지지만, 로마 건국의 사명을 위해 그녀를 떠난다. 디도는 절망 속에 자살한다. 어거스틴은 이 이야기를 예로 들어 당시 교육의 허망함과 무익함을 비판했다.

18. 문법은 지키면서 하나님의 법은 대수롭지 않게 보는 교육

"우리가 당신을 떠나는 것(abs te)과 당신에게로 돌아가는 것(ad te)은 우리의 발걸음이나 공간의 문제가 아닙니다."(1.18.28)

어거스틴은 영혼의 상태보다 문법적 오류에 더 민감한 인간의 모습을 지적하며, 이를 하나님을 떠난 왜곡된 실존(abs te)의 한 예로 보았다.

20. 어렸을 때 받은 하나님의 은혜에 대해 감사

어거스틴은 자신과 피조물 안에서 쾌락, 명성, 진리를 추구하는 것이 죄이며, 그 결과 쾌락은 슬픔으로, 명성은 혼돈으로, 진리는 오류로 변질되었다고 말한다.

제2권
열여섯 되던 때의 청년기: 배나무 밑에서

　어거스틴은 16세 무렵, 마다우라에서 학업을 중단하고 욕망과 쾌락에 몰두하며 방황한다. 친구들과 함께 배를 도둑질한 사건을 회상하며 그것이 악함 자체를 즐기기 위함이었다고 고백한다. 그는 죄의 본성이 하나님을 떠나 스스로를 사랑하는 질서의 왜곡이며, 죄는 사회성이 있음을 밝힌다.

　신학적 주제: 죄의 본성, 사랑의 질서, 죄의 사회성, 자유의지론

1. 청년기의 죄

　"당신은 흩어지심이 없이 우리를 하나로 모으십니다."(1.3.3)

　"나는 오직 한 분이신 당신을 떠나 잡다한 세계로 떨어져서 산산조각이 나 흩어져 버렸으니 이제 나를 거두어 모아주소서."(2.1.1)

어거스틴은 하나님의 "거두어 모음"과 인간의 "흩어짐"을 대조하며, 죄로 분열된 인간이 하나님과 연합하는 궁극적 목적을 향해 나아가야 함을 보여준다. 이 도식은 창조와 구원의 과정을 설명하는 데 적용되었다.

2. 사랑과 정욕

1) 사랑의 대상

사랑의 대상이 하나님일 때 거룩한 사랑(caritas)이고, 나일 때 자기사랑(amor sui)이고 세상일 때 탐욕(concupitas)이 된다.

"나의 무게는 사랑입니다."(13.9.10) 이 말은 사랑의 대상에 따라 사랑의 성격과 질서가 결정된다는 뜻이다.

2) 존재의 질서

"나는 무엇이 순수한 사랑이고 무엇이 추잡한 정욕인지 분간할 수 없었습니다."(2.2.2)

"감각적인 것은 영혼을 가지고 있지 않기 때문에 그것이 진정한 우리의 사랑의 대상이 될 수는 없었습니다."(3.1.1)

존재의 질서(3.6.10)	사랑의 질서
① 하나님(영혼의 생명)	① 하나님
② 영혼(육체의 생명)	② 인간(영혼과 육체)
③ 육체	③ 동물
④ 사물	④ 식물
⑤ 환상 (마니교의 미신)	⑤ 광물

존재의 질서는 사랑의 질서를 결정한다. 내 안에서 사랑의 질서를 정리하는 것이 중요하다.

3) 사랑의 방법

"누가 세상의 것들을 사랑하되 당신을 위한 수단으로 사랑(uti)하지 않고 당신과 동등하게 사랑(frui)을 하면 그는 당신을 덜 사랑하는 자가 됩니다."(10.29.40)

어거스틴은 사랑의 질서와 인간 삶의 목적을 설명하기 위해 *frui*

와 *uti*를 구분했다.

*Frui*는 '즐기다·누리다'는 뜻으로, 그 자체가 목적이 되는 사랑, 곧 하나님 사랑을 의미한다.

*Uti*는 '사용하다'는 뜻으로, 목적에 이르기 위한 수단으로서의 사랑을 가리킨다.

세상 것을 즐기기 위해 하나님과 사람을 이용한다면 사랑의 질서는 왜곡된다. 이를 회복하려면 사랑의 대상을 올바른 자리에 두어야 한다.

4) 사랑의 개념: 서양철학과 어거스틴의 관점 차이

서양철학은 사랑을 에로스(상승 운동), 아가페(하강 운동), 필리아(자기애)로 구분하며, 필리아는 상승과 하강이 교차하는 지점으로 본다.

어거스틴은 아가페를 하강의 운동으로 보면서도 에로스적 요소를 포함한 사랑으로 이해했다. 그는 자기애를 두 가지로 구분했다. 자기애-악덕은 육체를 추구하며 땅의 도성에 속한다. 자기애-애덕은 하나님 사랑과 이웃 사랑으로 확장되어, 자기 부정을 통해 하나님의 도성으로 나아간다.

3~4. 어거스틴의 유학 준비와 부모의 관심, 배 도둑질 사건

어거스틴은 죄성을 정욕, 호기심, 교만으로 구분하고, 마다우라(16세)와 카르타고(17세 이후)에서 그것들이 어떻게 드러났는지 분석했다. 죄성은 인간 내면에서 자라고, 사회관계와 문화 속에서 구체적으로 드러나게 된다.

요일 2:16	마다우다(16세)	카르타고(17세)
육체의 정욕 안목의 정욕 이생의 자랑	목욕탕 사건 배 도둑질 잘못된 모방	사랑에 빠짐 연극관람 지적 교만과 칭찬

창세기와 『고백록』에서 선악과는 배나무와, 생명나무는 무화과나무와 각각 대비된다.

창세기	고백록 2권, 9권
선악과 나무 ↓ 죄/타락	배나무(도둑질) ↓ 죄/타락
생명 나무 ↓ 인류의 구원	무화과나무(십자가) ↓ 회심

5~9. 죄의 동기에 대한 원인 규명

1) 악은 비존재

하나님의 창조는 선하며, 존재하는 모든 것은 선이다(선=being). 하나님은 악을 창조하지 않으셨고, 악은 실체가 아니라 비존재(non-being)이다. 인간은 존재가 아닌 것을 사랑함으로써 타락에 이른다. 빛은 존재이며, 어둠은 그 빛의 결핍으로 생겨난 비존재이다. 그러

므로 악은 어떤 행동의 결과가 아니라, 선을 행하지 않음에서 비롯된 것이다. (약 4:17)

2) 악한 의지

의지는 인간을 움직이는 내면의 힘, 즉 무게다. 악의 원인은 사랑의 대상이 아니라, 그 대상을 향하는 의지의 왜곡에 있다. 악은 세상을 향함이 아니라 하나님께 등을 돌리는 데서 비롯된다.

마니교는 선과 악을 영원히 대립하는 두 실체로 보고, 인간이 선의 지배를 받으면 선을, 악의 지배를 받으면 악을 행한다고 여긴다. 그래서 금욕으로 악의 지배에서 벗어나는 것이 구원이라 했다.

반면 어거스틴은 선과 악을 이원론적으로 보지 않았다. 인간의 방향성이 하나님을 향하느냐(ad te), 아니면 하나님에게서 떠나느냐(abs te)에 따라 선과 악이 결정된다고 보았다.

3) 죄의 사회적 특성

배 도둑질은 혼자서는 잘 하지 않는 일이다. 같은 대상을 사랑하는 사람들 사이에는 자연스럽게 유대감이 형성되며, 그 대상에 가까워질수록 관계는 더욱 친밀해진다.

어거스틴이 하나님의 도성과 지상의 도성을 구분한 기준은 이원론적 구조가 아니라, 각각이 지향하는 사랑의 대상의 차이에 있었다. 그러나 중세 로마 가톨릭교회는 이러한 구분을 교회와 국가라는 제도적 이분법으로 전환하였다.

두 왕국	하나님의 도성	지상의 도성
사랑의 대상	하나님	자기 자신

10. 모든 선은 하나님 안에 있음

어거스틴은 하나님으로부터 벗어난 실존(abs te)을 다양한 상징적 표현으로 묘사한다. 이 표현들은 그의 내면 상태를 세 가지 범주로 나누어 설명할 수 있다.

범주	표현	의미 요약
무질서한 에너지	소용돌이(2.2.2), 바다의 노도(2.2.4), 흙탕물(2.3.8), 파도에 맡긴, 고삐 끊어진 망아지	통제되지 않은 욕망과 정념의 충돌
무가치	불모지(2.3.5), 스스로 궁핍한 땅(2.10.18), 잡초밭, 넝쿨	하나님과 단절된 실존의 불모성과 무가치함
혼돈상태	산산이 조각나 흩어짐(2.1.1), 얽히고 헝클어진 매듭(2.10.18)	통합되지 못한 자아의 분열과 혼란

어거스틴은 하나님을 떠난 인간의 상태를 무질서, 무가치, 혼돈의 이미지로 형상화함으로써, 존재의 근원과 질서이신 하나님과의 관계 회복이 얼마나 절실한지를 강조했다.

제3권
카르타고의 학생 시절과 마니교

어거스틴은 카르타고 유학 시절, 연극과 쾌락, 명예욕에 몰두했다. 키케로의 『호르텐시우스』를 읽고 철학에 눈뜨며 진리를 갈망했지만, 성경의 단순한 문체에 실망해 외면했다. 그는 마니교에 빠져 9년간 그 교리에 몰입했다. 어머니 모니카는 그의 신앙적 타락을 슬퍼하며 눈물로 기도했고, 꿈의 계시와 한 감독의 조언을 통해 아들이 결국 신앙으로 돌아올 것을 확신하게 된다.

신학적 주제: 이성 중심주의 비판, 성경의 단순성과 깊이, 이단의 매력과 위험성, 모니카의 기도와 하나님의 섭리

1. 사랑에 빠짐(육체의 정욕)

5세기 서방교회에는 정욕(concupiscentia)에 대한 두 입장이 대립했다. 어거스틴은 정욕을 타락의 직접적 결과로 보며, 음행을 죄의 대표적 사례로 간주했다. 그는 결혼의 가치를 자녀 출산, 부부의 명

예, 성례적 기능에 한정하였다. 반면, 이탈리아의 감독 율리아누스 (Julianus of Eclanum, 386-455)는 정욕을 하나님이 주신 중립적 에너지로 이해했고, 원죄의 유전도 부정하였다.

> "자비로우신 나의 하나님 … 그러나 그 쾌락의 경험은 괴로움과 얽혀져 있었으니 사실 나는 질투, 의혹 공포, 분노, 분쟁 등으로 빨갛게 달구어진 쇠붙이로 징계를 받는 것이었습니다."(3.1.1)

2. 연극관람을 좋아함(안목의 정욕)

어거스틴은 안목의 정욕이 육체의 정욕보다 더 위험하다고 보았다. 헛된 호기심이 학문과 지식의 가면을 쓰고 자신을 정당화하기 때문이다. 그는 또한 무대 연기에 대한 변질된 동정심의 위험을 지적하며, 영적 동정심의 중요성을 강조했다.

> "긁어주던 손톱자국은 유독한 손톱으로 긁은 듯이 부풀고 염증이 생겨 썩고 있었습니다. 오 나의 하나님, 이것이 그때 삶이었으니 어찌 그것이 참다운 삶이라 할 수 있겠습니까."(3.2.3)

3. 교만과 난폭한 행위(이생의 자랑)

어거스틴은 수사학 학교에서 수석을 차지하며 교만에 부풀어 올랐다. 학문은 법정투쟁에서 두각을 나타내게 하는 것이 목적이었다. 칭찬을 받고자 하는 유혹은 하나님의 인정보다 인간의 위선을 더 좋아하는 왜곡된 상태였다.

4. 키케로의 『호르텐시우스』

1) 최초의 철학적 전향(19세)

> "이 책은 내 마음을 아주 바꾸어 내 기도를 나의 주님이신 당신께 향하게 했고 나에게 새로운 희망과 욕구를 주었습니다."(3.4.7)

키케로의 책은 감각을 넘어 지성의 작용으로 이면의 진리를 깨닫게 했다. 어거스틴은 철학적 전향을 통해 학습이란 마음의 활동이며, 지식은 그것이 지향하는 대상과 그 대상이 속한 체계에 의존한다는 것을 인식하게 된다. 이러한 인식은 인지적 변화에 그치지 않고, 마음의 방향성과 중심의 문제로 확장된다. 어거스틴은 훗날 인간 존재의 변화가 관점의 전환이 아니라, 의지의 변화라고 보았다. 그에게 인격의 주체는 의지의 변화가 일어나는 마음이었다.

2) 어거스틴의 독서 여정(관심 분야 확대)

어거스틴의 독서 여정은 지적 탐구에서 영적 회심으로 나아가는 길이었다. 어린 시절(1권) 베르길리우스·호메로스 신화에 매료되어 문학에 몰두했다. 청년기(3권) 키케로『호르텐시우스』로 철학에 눈떴으나 공허함을 깨달았다. 이후 마니교 경전, 수사학, 점성술, 아리스토텔레스『십범주』(4권), 천문학과 자연철학(5권)에 빠졌다. 그러나 암브로시우스 설교로 성경의 깊이를 알고(6권), 플라톤주의로 형이상학적 인식을 넓혔으며, 바울서신으로 은혜의 구원을 깨달았다(7권). 마지막으로 로마서 13장 13~14절로 결정적 회심(8권)에 이르러 하나님께 돌아왔다. 철학과 과학은 이단 극복에는 유익했지만, 신앙에는 설교와 성경이 필수적이었다.

전향의 차이

	신플라톤주의자	어거스틴
방향	일자로 복귀	인격으로 육화된 그리스도로 복귀(3.4.8)
에너지	자신의 고유한 능력을 의지	하나님의 은총을 의지 (7.10.16)
목표	일자와 영혼의 본성적 합일	하나님과 영혼의 본성적 간격(7.10.16)

5. 성서로 마음을 전향

어거스틴이 학생 시절 잠시 읽은 성경은 70인역 헬라어를 라틴어로 번역한 투박한 판본이었기에 그의 눈과 마음을 사로잡지 못했다. 그는 훗날 이를 "교만의 헛된 바람"이었다고 회고하며, 당시 자신의 마음이 진리보다 자만에 치우쳐 있었음을 고백했다.

6. 마니교에 탐닉

어거스틴은 19~28세까지 약 9년간 마니교 사상에 깊이 빠져 있었다. 그는 악의 기원과 하나님이 악을 허용하신 이유를 이해하고자 했다.

마니교의 창시자 마니(216~277)는 바벨론 출신으로, 영지주의적 기독교 수도원 전통에서 성장했으며 자신을 성령이 약속한 보혜사라고 주장했다. 그러나 그는 이단으로 정죄되어 처형되었다. 마니교는 조로아스터교의 이원론, 불교의 윤회와 금욕주의, 영지주의의 물질 부정, 기독교의 선지자 사상을 혼합한 종교로, 다음과 같은 교리를 중심으로 전개되었다.

  이원론: 선과 악을 각각 독립된 영적 실체로 보고 영원히 대립한다고 주장했다.
  계층구조: 공동체는 극단적 금욕을 실천하는 '선택된 자'와 이들을 섬기며 간접적으로 구원에 참여하는 '듣는 자'

로 나뉜다.

유물론적 영성: 영적 투쟁조차 물질로 환원해 선은 정제된 물질, 악은 조잡한 물질로 해석했다.

금욕주의: 육체를 악하게 보고 성적 행위와 동물성 음식을 금하며 과일 중심의 채식을 강조했다.

7. 어거스틴의 마니교 비판

마니교는 하나님의 형상을 물질적 실체로 오해하여 하나님을 유한한 부피를 가진 존재로 인식했다. 이는 하나님이 "영"이라는 성경적 개념을 본질적으로 왜곡한 것이다.

또한 마니교는 인간 윤리를 기준으로 구약의 족장들과 왕들의 행동을 하나님의 정의와 충돌하는 것으로 보았다. 하나님의 섭리와 역사 경륜에 대한 신학적 이해 없이 인간의 윤리적 잣대를 절대화하며, 하나님의 계시를 왜곡되게 평가했다.

11~12. 어머니의 꿈과 어느 감독의 충고

"어머니가 서 있는 곳에 나도 같이 서 있는 것을 보고 알라고 말했답니다. 어머니가 정신을 차려 살펴보니 같은 잣대 위에 내가 어머니 옆에 서 있었다는 것입니다."(3.11.19)

"혼자 책을 읽다가 스스로 자기의 오류에 눈을 떠 하나님께 돌을 돌리고 살고 있는(abs te) 자기를 발견하게 될 것이요." "이렇게 흘리는 눈물의 자식이 망할 리 없습니다."(3.12.21)

마니교에 빠진 어거스틴을 염려해 함께 식사도 거부했던 모니카는, 꿈과 감독의 충고로 소망을 얻고 아들의 회심을 확신했다. 꿈속의 "잣대"(regula fidei)는 정통 신앙의 기준을 뜻한다. 하나님은 각자에게 다른 방식으로 구원을 적용하시며, 특히 어머니의 눈물의 기도에 응답하신다.

제4권
유혹하고 유혹받으며, 속고 속이는 삶

어거스틴은 18~28세까지 욕정으로 유혹하고 유혹당하며, 속고 속이는 삶을 살았다고 고백한다. 그는 타가스테에서 수사학 교사로서 명성을 얻었으나, 마니교에 빠져 있었고 점성술에도 몰두했다. 그에게 큰 영향을 준 친구의 죽음을 경험하며 깊은 슬픔과 무상함을 체험하고, 그는 다시 카르타고로 돌아갔다. 어거스틴은 자신이 20세에 읽은 아리스토텔레스의 『십범주』와 다른 철학서들이 아무런 도움이 되지 못했다고 고백한다.

신학적 주제: 점성술의 오류, 죽음의 무상함, 사랑의 질서, 기독교 역사관, 신학방법론, 조명설

1. 유혹하고 유혹받는 삶

어거스틴은 고향에서 종교적 미신, 학문적 교만, 극장의 박수갈채를 좇는 삶을 살았다. 이는 겉으로는 합리주의를 추구하면서도 미신

에 빠지는 현대인의 내면을 선취적으로 보여준다.

"당신이 사람을 구원하시기 위하여 내리시는 채찍과 절망을 아직 경험하지 못한 교만한 자가 있으면 저를 보고 비웃으라고 하십시오. 그러나 나는 찬양하기 위하여 나를 부끄러움을 고백하고자 합니다. 이제 간구하오니 나에게 은혜를 주시어 나로 하여금 현재의 기억을 더듬어 내 과거의 오류를 회상하게 하시고 그것을 당신께 감사의 제물로 드리게 하소서."(4.1.1.)

2. 수사학 교수

죄의 삼중 형태

요일 2:16	마다우다(16세)	카르타고(17세-)	타가스테
육체의 정욕	목욕탕 사건	사랑에 빠짐	동거생활
안목의 정욕	배 도둑질	연극관람	점성술
이생의 자랑	잘못된 모방	지적 교만과 칭찬	수사학 재주

3. 점성술의 오류

어거스틴은 인간의 자유와 신앙을 왜곡하는 점성술을 네 가지 이유로 비판한다.

- 자유의지 부정이다. 점성술은 인간의 선택을 운명에 종속시키며, 결과에 대한 책임을 회피하는 비윤리적 태도를 낳는다.
- 경험적 오류이다. 점성술의 예측은 자주 빗나가며, 쌍둥이처럼 동일한 조건에서도 서로 다른 결과가 나오는 현상을 설명하지 못한다.
- 내적 모순이다. 점성가들 사이에 해석과 주장에서 일관성이 결여되어 있다.
- 신학적 오류이다. 인간의 운명은 별이 아니라 별을 창조하신 하나님께 달려 있다.

칼빈 역시 점성술을 신앙을 해치는 미신으로 보며 다음과 같은 이유로 비판한다.

하나님의 주권과 섭리를 부정하며,
사람들을 미신과 우상숭배로 이끈다.
성경 계시를 대체하려는 위험한 시도이고,
과학으로서의 천문학과는 철저히 구분되어야 한다.

어거스틴은 점성술을 철학적·신학적으로 비판하며 인간의 자유와 책임, 하나님의 창조 질서를 강조했다. 칼빈은 하나님의 주권과 계시를 기준으로 점성술을 미신으로 단호히 배격하며, 성경 중심 신앙의 순수성을 강조하였다.

성경의 예언은 미래를 점치는 것이 아니라, 하나님의 말씀을 받아 전하는 행위이다. 따라서 예언을 빙자한 교회 내부의 사기꾼들을 경계해야 한다.

어거스틴의 역사이해

1) 일반적 역사 이해

숙명론(Fatalism): 인간의 삶이 외부 힘에 의해 결정되어 있고, 그것을 피할 수 없다는 관점, 인간의 자유와 책임이 배제된다.

운명론(Destiny): 인간의 선택과 노력에 따라 삶의 방향이 달라질 수 있다는 관점, 일정한 목적과 방향성을 내포한다.

순환론(Cyclical time theory): 자연의 반복(계절, 해와 달 등)을 본떠 시간도 반복된다고 보는 관점, 고대 그리스와 동양 사상에서 두드러진다.

영원한 시간관(Eternal present): 플라톤의 이데아, 스토아 철학, 니체의 '영원회귀'처럼 시간이 무한히 반복되거나 영속된다고 보는 관점, 역사에 목적이나 끝이 없다고 본다.

2) 어거스틴의 기독교적 역사 이해

어거스틴은 숙명론, 순환론, 영원한 시간관을 모두 비판했다. 이들은 역사에 종말과 완성이 있다는 사실, 곧 하나님의 구속사적 목적을 부정하기 때문이다. 그의 기독교적 역사 이해는 다음 네 가지 관점으로 요약된다:

시간의 기원 : 하나님의 창조와 함께 시작된 유한한 실재이다.

그리스도의 성육신 : 역사 속 중심 사건으로, 고대의 순환론을 끊고 구속사적·직선적 시간 개념을 확립한다.

역사의 방향성 : 종말, 즉 구원의 완성을 향해 나아가는 목적론적 과정으로 이해된다.

구원의 확실성 : 하나님의 섭리 속에서 역사가 진행되기에, 기독교적 역사관은 희망과 의미를 담고 있다.

자연적 시간은 수레바퀴처럼 반복되지만, 역사적 시간은 수레를 타고 목적지를 향해 나아간다. 교회력도 단순한 반복이 아니라 매 순간 존재가 새로워질 때 비로소 그 의미를 가진다.

4. 친구의 죽음에 직면하여

어거스틴의 시대에는 동성 간의 우정이 이성 간의 사랑보다 더 고귀하게 여겨졌다. 그는 청년기에 학문과 마니교를 함께한 친구의 죽음에 깊이 낙심했고, 그 이유를 "그 친구는 하나님보다 더 실제적이고 소중하게 여겨졌기 때문입니다."(4.4.9)라고 고백했다.

7. 불안한 혼의 쉴 자리를 찾아서

"아 사람을 적절하게 사랑할 줄 모르는 미친놈아!, 무상한 인간의 운명을 반항으로 대하는 어리석은 놈"(4.7.12)

어거스틴이 불안 속에서 안식하지 못했던 이유는 두 가지였다. 첫째, 그는 사랑의 올바른 질서를 알지 못했고, 둘째, 인간의 유한성을 받아들이지 않고 그것에 반항했기 때문이다.

"나는 내 혼이 쉴 수 있는 어느 곳을 찾아 거기에 놓아두고 싶었으나 그러한 곳은 어디에도 없었습니다. 아름다운 숲이나(시각), 놀이와 노래가 있는 곳에도(청각), 향기 나는 정원이나(후각), 훌륭한 잔치나(미각), 향락의 침실에도(촉각), 또한 글과 시를 읽는 곳에서도(청각), 내 혼은 안식할 자리를 찾지 못했습니다."(4.7.12)

어거스틴은 『고백록』 4권에서 오감을 통해 안식을 구했으나 피조물의 아름다움에 매여 실패했다. 그러나 회심 후 10권에서는 오감의 유비로 하나님의 사랑을 깊이 체험하는 우주론적 반성을 전개하며(10.6.8), 이를 지적 회심(7권)과 의지적 회심(8권)을 넘어선 우주적 회심으로 볼 수 있다.

"당신은 부르시고 소리 질러 귀머거리가 된 내 귀를 열어주셨습니다. 또한 당신은 당신의 빛을 나에게 번쩍 비추어 내 눈의 어둠을 쫓아버렸습니다. 당신이 당신의 향기를 내 주위에 풍기시매 나는 그 향기를 맡고서 이제 당신을 더욱 갈망하고 있습니다. 나는 당신을 맛보고는 이제 당신에 굶주리고 목말라하고 있습니다. 당신이 나를 한번 만져주시매, 나는 불이 붙어 당신이 주시는 평안을 애타게 그리워하고 있습니다."(10.27.38)

8. 치유의 효과: 시간의 경과와 위로

사랑하는 이의 죽음으로 깊은 슬픔에 빠진 어거스틴은 이를 두 단계로 극복했다.

인간적 해결책

첫째, 장소를 바꿔 슬픔을 잊으려 고향 타가스테를 떠나 카르타고로 갔다.
둘째, 시간이 지나면 아픔이 무뎌질 것이라 기대했다.
셋째, 친구들의 위로처럼 사람과의 정서적 교류가 고통을 덜어주었다.

하나님의 위로

그러나 어머니 모니카와의 사별 앞에서는 인간의 위로가 아닌 하나님의 위로를 경험했다. 그는 진정한 치유와 안식은 오직 하나님께 있음을 깨달았다.

> "나는 당신 앞에서 어머니와 나를 위해 울었던 것입니다. 그
> 렇게 우는 것이 나에게는 위로가 되었습니다."(9.12.33)

9. 높은 차원의 사랑

어거스틴은 사랑하는 이의 죽음 후 그에 대한 죄책감이 인간을 가장 깊이 괴롭힌다고 보았다(4.9.14). 그는 이러한 고통의 근원을 잘못된 사랑의 방향으로 보았고, 해결책으로 "사랑의 질서(ordo amoris)"를 제시했다.

1) 사랑의 질서

> "당신을 사랑하고 당신 안에서 친구를 사랑하며 당신을 위해
> 원수까지 사랑하는 사람은 복을 받을 것입니다. 왜냐하면 항
> 상 계셔서 모든 것을 사랑하시는 그분 안에서 모든 것을 사랑
> 하는 자만이 자기가 사랑한 것을 하나도 잃어버리지 않기 때
> 문입니다."(4.9.14)

어거스틴은 하나님 안에서 사랑은 어떤 것도 잃어버리지 않기 때문에 상실의 슬픔을 극복할 수 있다고 말한다.

> "하나님을 사랑하라, 그리고 네가 원하는 것을 하여라"『요한
> 서신 강해』(7,8)

이 표현은 어거스틴 신학의 핵심인 사랑, 자유, 윤리, 행위의 원리를 담고 있다. 그에게 사랑은 단순한 감정이 아니라 의지의 방향이자 존재의 질서이다. 하나님을 사랑하면 의지와 행위가 하나님의 뜻과 일치한다. 또한 자유는 단순한 선택의 가능성이 아니라 하나님의 사랑 안에서 노예 의지로부터 해방되는 자유이다. 하나님을 사랑하는 사람은 자기 잘못을 사랑하지 않고, 하나님께 속한 존재로 사랑하기 때문에 자기 사랑도 참되고 질서 있게 된다.

2) 사랑은 두 인격을 연합하는 힘이자 무게이다.

남녀 간의 사랑(Libido): 쉽게 욕정으로 타락하고 지배욕으로 변질되며, 자신을 중심에 두는 왜곡된 사랑이다.

혈연적 사랑(Pietas): 부모·자식·조국에 대한 자연적 의무와 헌신이지만, 보편적 사랑으로 확장되지 않으면 편견과 차별, 분열을 낳는다.

우정(Philia): 동등한 자들 간의 선택적 관계로 깊은 유대를 이루지만, 선택이 곧 배타성을 의미해 보편성과는 거리가 있다.

아가페(Caritas): 성령을 통해 이루어지는 신적 사랑으로, 모든 인간적 사랑을 정화하고 완성한다.

10. 만물은 변화하므로 영혼의 참 쉴 곳이 되지 못함

"내 영혼으로 하여금 이 만물을 통해서 당신을 찬양하게 하소서 그러나 내 육체의 감각 탓으로 내 영혼이 세상 사물에 대한 사랑(욕심, uti)의 접착제에 의해 이들에게 꽉 달라붙게는 말게 하소서. 이것들은 자기의 가는 길을 다 간 후 없어지게 됩니다. 그러면서도 이것들은 우리의 영혼을 해로운 욕심으로 갈기갈기 찢어 놓습니다."(4.10.15)

어거스틴은 피조물을 절대적 대상으로 사랑하는 것을 경계했다. 가족이나 친구를 하나님보다 더 사랑하거나, 그 상실로 절망하거나 자살하는 것은 왜곡된 사랑의 결과다. "하나님을 즐거워하라(frui), 피조물은 사용하라(uti)." 어거스틴 윤리의 기초는 이 구분 위에 세워진 사랑의 질서에 있다.

11. 하나님 만이 불변하신다.

어거스틴은 부분적 육체의 감각에 빠져 있는 영혼을 향해 꾸짖는다.

"너는 잘 들어라 '말씀' 자신이 너에게 돌아오라고 부르신다. 거기에는 흔들리지 않는 안정이 있으니 네 사상이 먼저 그것[헛된 소리]을 버리지 않는 한 네 사랑은 결코 저버림을 받지 않을 것이다." … "또한 너의 불안정하고 사라져 가는 존재 양상은 갱신되고 새롭게 되어 너는 너 자신으로 돌아가게 될 것이다."(4.11.16)

어거스틴은 인간 존재의 근원이신 하나님께로 돌아가는 것이 곧 자기 자신에게로 회복되는 길이라고 보았다. 자신에게로 돌아간다는 것은 내면으로의 탐구를 통해 하나님을 찾는 길이다. 하나님을 사랑할 때 사랑의 질서가 회복되고, 자아의 통합과 정체성도 회복된다.

12. 하나님을 사랑하는 것과 피조물을 사랑하는 것

1) 안식하는 자리

"죄인들아, 너희 마음으로 돌아가 너를 만드신 그분을 굳게 붙들어라. 그분 안에 거하라. … 그분 안에서 쉬어라."(4.12.18)

"그분은 우리 면전에서 떠나심으로써 우리로 하여금 우리 자신이 마음으로 향하게 하시고 거기에서 그분을 찾게 하셨다 … 네가 이제 하나님을 향해 오를 수 있기 위해선 먼저 겸손하게 머리를 숙이고 내려오너라."(4.12.19)

2) 어거스틴의 신학방법론

어거스틴의 진리 탐구 여정은 "사물을 초월해 자기 안으로 들어가고(inward), 영혼을 초월해 하나님께로 상승하라(upward)"는 이중 초월로 요약된다. 그러나 그는 자신의 현재 실존이 아래로 떨어진다고 고백했다.

> "나 자신의 잘못된 음성으로 말미암아 나는 나 자신 밖으로 끌려 나왔고 나 자신의 교만의 무게로 말미암아 계속 심연으로 빠져들어 가고 있었습니다."(4.15.27)

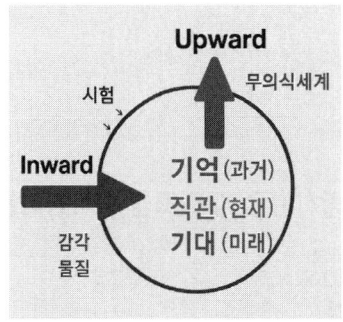

3) 그리스도의 겸손을 통한 우리의 상승

> "우리의 참 생명이 되신 분이 우리에게 친히 내려오셔서 우리의 죽음을 담당하시고, 그 자신의 풍성한 생명력으로 죽음을 죽이셨다. 그리고 큰소리로 우리를 불러 그분에게로 그가 계셨던 신비의 곳으로 돌아오라고 말씀하신다."(4.12.19)

하나님	그리스도		성령
창조	구원		회복
call ⇑ 말씀	recall redemption	⇑ 성육신→겸손 십자가→용서 부활→영생	⇑
어둠/혼돈 formless	죄인 혼돈, 불안, 방황		죄인

어거스틴은 하나님의 부르심을 창조→구원→회복의 3단계로 이해했다. 창조는 무질서에서 존재로, 구원은 죄와 죽음에서 생명으로, 회복은 피조물과 하나님의 연합으로 부르심의 결과이다. 이 부르심은 존재→생명→영원한 연합의 구속사적 여정을 완성한다.

14. 사람을 좋아하게 되는 마음

어거스틴은 웅변가 히에리우스를 해박한 지식과 대중의 찬사 때문에 좋아했다. 그러나 동시에 그런 사람이 되고 싶지 않다고 느끼면서도 그에게 끌리는 자신의 마음을 분석했다.

그것은 "하나님의 판단에 의하지 않고 다른 사람들의 판단에 근거하여" 판단하기 때문이고, 자신도 다른 사람들로부터 찬양받기 원하기 때문이었다. (4.14.22)

> "이처럼 진리에 확고히 서지 못한 영혼은 무력하여 흔들리게 됩니다."(4.14.23)

어거스틴은 지혜 자체가 아니라 지혜 있는 사람의 명예와 칭송을 사랑했고, 진리가 아닌 세상의 인정을 갈망했음을 고백한다. 이는 사랑의 질서가 없었기 때문이다. 하늘의 질서를 바라보는 사람만이 땅의 질서도 바르게 세울 수 있다. 가치 기준 없이 유행을 좇는 삶은 결국 실패로 끝난다. 『중용』 제1장은 "군자는 혼자 있을 때에도 자신을 삼간다"(愼獨)고 말한다. 사적 유익만 추구하는 사람에게는 개혁 정신이 없으며, 개혁은 보편적 가치와 공공선을 지향하는 이에게서 시작된다.

15. 진리의 추구

어거스틴은 마니교에 빠져 있던 시절 영적 세계를 알지 못한 채 물질세계에 의존해 사고했다. 그는 선을 통일된 하나의 실체인 모나드(monad)로, 악을 이원적 분열을 상징하는 다이아드(dyad)로 이해하며 선은 통일성, 악은 분열성으로 보았다. 또한 악이 실체와 생명력을 가진 존재라고 인식했다.

1) 하나님에 대한 두 가지 철학적 오류

> 신격화(apotheosis) : 인간을 본질적으로 신적인 존재로 보는 사상으로, 초인사상이나 자기 신격화와 연결된다. 이는 상대적인 인간을 절대화하는 오류이다.
> 신인동형설(anthropomorphism) : 하나님을 인간과 동일한 존재

로 간주하며, 하나님의 절대성과 초월성을 인간의 특성과 동일시한다. 이는 절대적인 존재를 상대화하는 오류이다.

2) 어거스틴의 조명설

조명설은 하나님 지식이 인간 이성만으로는 불가능하며, 하나님의 내적 빛(조명)으로만 가능하다고 보는 인식론이다. 인간이 진리를 알기 위해서는 하나님의 조명이 필수이며, 이는 하나님 인식·교사론·행복론과 연결된다.

> "내 영혼은 진리 자체가 아니니 진리에 참여하기 위해서는 다른 빛에 의하여 조명되어야 함을 모르고 있었습니다."(4.15.25)

플라톤		어거스틴	
태양	빛을 생산	하나님	존재의 근원
	존재 인식		인식의 근원

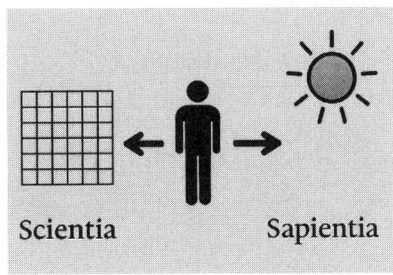

어거스틴은 빛으로 사물을 보듯, 하나님의 조명을 통해서만 참된 지혜를 얻을 수 있다고 보았다. 그는 하나님의 조명 없이 하나님의 자리에 올라가려는 시도를 교만이자 죄의 본질이라 했다.(4.15.26) 진리는 내면의 교사이신 그리스도의 빛으로만 인식되며, 모든 인식 활동에는 그리스도의 조명이 필수적이라 주장했다.

그는 『교사론』(11.38)에서 다음과 같이 말한다.

"우리가 보편적인 것을 이해할 때, 우리는 외부에서 소리 내어 말하는 사람에게 묻는 것이 아니라, 우리 정신 안에 거하시는 진리에게 묻는다. 이때 말(言)은 단지 진리 자체에 주의를 돌리게 할 뿐이며, 우리가 문의하는 진리는 내적 인간 안에 거하시는 분, 곧 하나님의 불변하는 능력이자 영원한 지혜이신 그리스도이시며, 바로 그분이 우리를 가르치신다. 모든 이성적 영혼은 그리스도이신 진리께 묻지만, 각자가 그것을 이해하는 정도는 그 영혼의 선하거나 악한 의지에 따라 결정된다."

3) 어거스틴의 정오사상 (high noon theory)

"존재 안에는 가변성이 있어서 만일 그 존재가 강한 사랑으로 당신에게 의존해 있어 당신으로부터 계속 빛과 열을—정오의 태양에서 빛과 열을 받듯이— 받지 않는다면 다시 어두워지며 차가워지고 말 것입니다."(12.15.21)

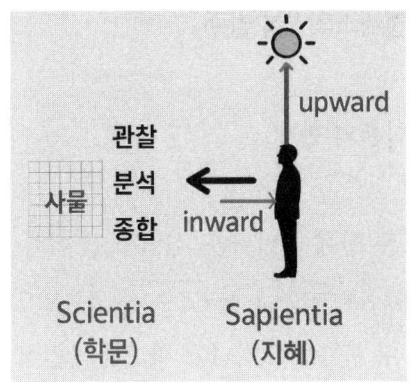

정오에 태양의 그림자가 가장 작듯, 하나님께 가까울수록 인생의 어둠도 줄어든다. 빛을 등지고 세상만 바라보면 학문 세계를 이해할 수는 있으나 지혜를 잃는다. 반면, 세상을 등지고 빛만 바라보면 현실을 외면한 추상적 경건에 머문다. 그러나 빛을 받아 세상을 보면, 하나님의 조명으로 세상의 학문과 경건의 지혜를 모두 지닐 수 있다. 어거스틴의 정오 사상은 신앙과 삶의 일치를 지향한다.

4) 플라톤의 상기설과 어거스틴의 조명설의 차이

플라톤은 영혼선재설에 따라 영혼이 스스로 이데아를 상기해 진리에 이를 수 있다고 보았다. 반면 어거스틴은 영혼선재설을 부정하고, 영혼은 하나님이 창조한 피조물이기에 진리는 스스로 상기하는 것이 아니라 하나님의 조명(*illuminatio*)으로만 인식된다고 보았다. 즉, 플라톤은 자율적 상기로, 어거스틴은 타자적 조명으로 진리 인식을 설명한다.

16. 아리스토텔레스의 『십 범주』

1) 과학적 인식론의 한계

어거스틴은 스무 살에 라틴어판 『십범주』를 이해했다. 이 책은 실체와 그 속성(질, 양, 관계, 장소, 시간, 상태, 소유, 능동, 수동 등)으로 사물을 분류·분석했다. 그는 이 분류법이 하나님 이해나 구원에 실제 도움이 되지 않는다고 보았다. 그는 "물질을 다루는 도구로 영적 존재를 설명할 수 있는가?," "그 설명이 구원에 무슨 기여가 있는가?"를 물으며 인간 이성만으로는 진리와 구원에 도달할 수 없다고 지적했다. 대신 조명설과 내면의 교사 개념을 통해 진리는 외적 관찰이 아니라 하나님의 빛이 비추는 내면에서 인식된다고 주장했다.

2) 경건과 학문의 균형 (제4권의 결론)

> "나는 빛에서 등을 돌리고 있었으므로 내 얼굴은 그 빛이 비치는 것들만 보게 되었습니다. 따라서 비추는 것들만 보고 있던 내 얼굴은 빛을 받지 못하고 있었습니다." (4.16.30)

> "나의 재능은 학문하는 데 대단히 빨라 문제에 얽힌 책들을 어느 스승의 도움도 없이 풀어 이해할 수 있었습니다. 그러나 경건의 교리에 대해서는 신성모독의 잘못을 저지르고 있었습니다." (4.16.31)

어거스틴은 자신이 하나님께 등을 돌리고(abs te) 있었기 때문에, 비록 과학적 세계와 철학적 지식을 접했을지라도 하나님의 조명을 받지 못해 진리에 도달할 수 없었다고 고백한다. 그는 이를 통해 학문과 경건의 균형이 진리 인식에 필수적임을 역설한다.

제5권
마니교의 감독과 기독교의 감독

『고백록』5권은 1~9권 중 어거스틴 생애의 전환점을 다룬다. 1~4권은 세속을 추구하던 일차적 단계, 6~9권은 하나님을 추구하는 이차적 단계를 다룬다.

어거스틴은 카르타고에서 마니교의 감독 파우스트를 만나 큰 기대를 품었으나 지적으로 실망을 경험했다. 로마로 이주한 후 밀라노에서 암브로시우스 감독을 만나게 되며, 그의 설교를 통해 성경을 새롭게 인식한다. 어거스틴은 신앙을 받아들이지 않았지만 기독교에 대한 지적 거부감은 해소되기 시작했다.

신학적 주제: 마니교의 한계와 진리, 알레고리적(은유적) 성경해석, 선행은총, 기도하는 모니카

어거스틴은 1~4권에서 대부분 인물의 이름을 밝히지 않지만, 5권에서 마니교 감독 파우스트와 기독교 감독 암브로시우스, 6권에서 절친한 친구 알리피우스를 실명으로 언급한다. 그러나 동거녀, 형제, 누이 등 가족의 이름은 끝까지 드러내지 않는다. 이는 회심의 여

정을 강조하기 위한 서술 전략으로, 어거스틴은 하나님의 은혜로 변화된 인물들만 실명으로 등장시켜 신앙적 전환의 중요성을 부각하고자 했다.

1. 하나님을 찬미하도록 자신의 영혼을 격려함

"그래도 내 영혼으로 하여금 당신을 찬양함으로 당신을 사랑하게 하시고, 당신 앞에서 당신의 자비를 고백함으로 당신을 찬양하게 하소서. 당신의 모든 피조물들이 끊임없이 당신을 찬양하며 당신 앞에서 침묵을 지키지 않고 있습니다. … 이리하여 우리의 영혼은 권태로부터 당신을 향해 일어서게 되고, 당신이 훌륭하게 창조한 피조물을 통해 당신 자신에게로 올라가게 되오니, 거기서 우리 영혼은 새롭게 되고 참다운 힘을 얻게 됩니다."(5.1.1)

어거스틴은 인간이 피조물을 통해 하나님께로 상승하며, 영혼이 소생의 힘을 얻게 된다고 고백한다. "하나님 안에서 만물을 사랑하고, 만물을 통해 하나님을 사랑하라"는 말은 어거스틴의 사랑의 질서와 조명설을 통합한 표현이다. 이 말은 두 가지 뜻이 있다.

- 하나님을 중심에 두고, 그분의 뜻과 질서 안에서 피조물을 사랑하라.
- 피조물은 하나님을 드러내는 표지이므로, 그것을 통해 창조주 하나님을 바라보고 사랑하라.

2. 아무도 하나님의 면전을 피할 수 없다.

> "내가 당신을 찾고 있을 때 나는 어디에 있었습니까? 당신이 내 앞에 바로 계셨습니다. 그러나 나는 내 자신으로부터 떠나 있었으므로 나 자신을 찾을 수 없었으니 하물며 당신을 어떻게 찾을 수가 있었겠습니까?"(5.2.2)

이 고백은 어거스틴이 죄 가운데 있을 때조차 하나님의 선행 은총이 함께하셨음을 인정하는 표현이다. 그는 하나님과 자신에게서 떠나 있었기에 하나님을 찾지 못했다고 고백한다.

3. 파우스트와 자연철학자(천문학자)

1) 어거스틴의 내적 성장의 변화

어거스틴은 카르타고 유학 시절 쾌락적인 삶을 살다가, 키케로의 『호르텐시우스』를 읽고 철학에 눈을 떴다. 그는 잠시 성경을 읽었지만 그 안에서 합리적 진리를 발견하지 못했고, 이후 19~28세까지 마니교에 심취했다. 21세에는 고향으로 돌아가 점성술에 빠졌고, 다음 해 다시 카르타고로 돌아와 아리스토텔레스의 『십범주』를 읽었다. 29세에는 카르타고를 방문한 마니교 감독 파우스트를 만났으나 그의 기대 이하의 수준에 실망하며 마니교에 대한 회의를 품기 시작했다. 이 시기 그는 자연철학(천문학)과 아카데미 학파의 회의론, 특히 진리에 도달할 수 없으며 개연적 지식으로 만족해야 한다는 개연론 (probabilism)의 영향을 받았다.

> "이 둘(파우스트와 철학자) 중에서 나는 철학자들의 이론이 훨씬 더 진리인 것처럼 보였으니, 그들이 비록 세계의 주가 되시는 당신을 찾지는 못해서도 그들의 힘으로 이 세계를 바로 인식하고 판단할 수 있었기 때문입니다."(5.3.3)

> "나는 그때 아카데미파라고 부르는 철학자들이 훨씬 더 현명하다는 생각이 들었습니다. 그들이 주장하는 바는 우리는 모든 것을 의심해야 한다든가 또는 인간은 진리를 확실히 파악할 수 있는 능력을 갖추고 있지 않다는 것이었습니다."(5.10.19)

천문학자들은 과학적 현상은 이해하지만, 실존의 현상에는 무지했다. 그런데도 자연과학은 마니교의 비합리성을 극복하는 데 도움이 되었다. 아카데미 학파의 회의주의도 마니교를 극복하는 데 어느 정도 도움이 되었다. 미신을 극복하는 데 이성(과학)이 중요하다.

8. 로마로 떠남

1) 습관화된 나쁜 행동

383년, 어거스틴은 출세와 돈, 그리고 더 유능한 학생을 얻기 위해 로마로 떠났다. 비록 잘못된 동기에서 비롯된 로마행이었지만 그 여정 속에도 하나님의 자비는 여전히 함께하였다.

"그들은(로마의 학생들) 그렇게 행동해도 그에 대한 벌이 없다고 생각하지만, 그와 같은 행동을 계속하는 그 맹점 자체가 바로 그들의 벌인 줄을 생각 못 합니다." …"당신은 나의 발걸음을 바로잡아 주시려고 은밀히 그들의 잘못과 나의 잘못을 함께 이용하셨습니다."(5.8.14)

어거스틴은 반복된 악행이 습관이 될 때, 그 자체가 이미 형벌임을 경고했다. 사람들은 죄가 드러나 외적으로 처벌받는 것만을 형벌로 여기지만, 어거스틴은 악한 습관에 사로잡힌 상태 자체가 하나님으로부터 멀어진 내적 형벌임을 강조했다.

2) 물의 은유

"나를 바다의 물에서 구하셔서 당신의 은총의 물에 이르도록 하셨습니다. 그리하여 내가 그 물에 의해 깨끗하게 씻음을 받았을 때, 나를 위해 당신 앞에서 매일 자기 얼굴 밑의 땅을 적시던 내 어머니의 눈물의 강을 당신은 멈추게 하셨습니다."(5.8.15)

어거스틴은 세 가지 물의 은유로 자신의 회심 여정을 표현했다.

바다의 물: 로마로 도망치던 바다 여행을 상징한다.

은총의 물: 세례를 통해 죄를 씻고 새롭게 태어나는 구원의 은혜를 뜻한다.

눈물의 강: 어머니 모니카가 아들을 위해 흘린 기도의 눈물을 가리킨다.

어머니의 기도에는 두 요소가 섞여 있었다. 하나는 마니교에 빠진 아들의 영혼을 위한 간절한 중보기도, 다른 하나는 아들을 곁에 붙잡아 두려는 인간적 모성애였다. 어거스틴은 기도조차도 순수하지 않을 수 있고, 인간적 욕망이 섞일 수 있음을 통찰했다. 그는 하나님께서 자기중심적 모성애가 아닌, 아들의 구원을 위한 간절한 기도만 들으셨다고 고백한다.

3) 성경에 나타나는 바람과 물의 관계

창조	노아 홍수	모세	계시록
성령(바람)	바람	동풍	새 하늘 새 땅
↓	↓	↓	↓
물	물	홍해	바다

어거스틴이 회심 여정에 물의 은유를 사용한 것은 성경의 유비를 따른 것이다. 성경에서 물과 바람의 상징들은 어거스틴이 이해한 창조-구원-회복의 구속사적 여정과 일치한다. 그는 물 위에 운행하시는 성령의 사역을 죄와 혼돈의 영혼을 깨워 존재와 생명으로 부르심으로 해석했다. (13.4.5)

그렇다면 노아 홍수에서 물과 바람은 심판과 정화, 새 창조를, 출

애굽에서 홍해와 바람은 세례와 성령의 은총을, 계시록의 바다와 새 하늘 새 땅은 하나님과의 완전한 연합을 상징한다고 볼 수 있다.

13~14. 암브로시우스

1) 암브로시우스와 만남

어거스틴은 로마 정부의 추천으로 국비 장학생 자격으로 밀라노에 수사학 교사로 파송되었다. 이 일은 그가 암브로시우스를 만나고 마니교에서 멀어지며 회심으로 나아가는 결정적 계기가 되었다.

> "내가 나도 모르게(nesciens) 당신에 의하여 그[암브로시우스]에게 인도된 것은, 내가 알면서(sciens) 그에 의해 당신에게 인도되도록 하기 위함이었습니다."(5.13.23)

우리는 말씀의 종을 통해 선포되는 하나님의 말씀을 들음으로써, 깨달음 가운데 하나님께로 이끌림을 받는다. 즉, 하나님의 은총은 인간의 무지 속에서도 작용하며, 말씀의 통로를 통해 인식된 믿음으로 우리를 하나님께 인도하신다.

2) 암브로시우스의 설교와 감화

어거스틴은 처음에는 암브로시우스의 설교 내용보다 수사학적 유창함과 형식미에 매료되었다. 그러나 설교의 형식에 이끌린 그는 점차 내용에 감동했고, 구약성경의 알레고리적 해석을 통해 신앙의 합리적 근거를 발견했다.

이 과정은 설교에서 미학(aesthetics)의 중요성을 보여준다. 미학은 자연·예술·삶의 아름다움을 탐구하며 내용과 형식의 조화를 중시한다. 설교에서도 이러한 미학적 요소가 신앙 수용의 통로가 될 수 있음을 드러낸다. 카르타고에서 성경을 수사학적으로만 읽었던 어거스틴은 암브로시우스를 통해 알레고리적 해석, 신학적 깊이, 합리성을 새롭게 인식했다.

알레고리적 성경해석의 흐름

유대+헬레니즘				동방	서방	
구약	랍비	필로	바울[1]	오리겐	암브로시우스	어거스틴

그러나 알레고리적 해석에는 한계와 위험이 있다. 본문의 역사적 맥락을 무시하면 자의적 해석에 빠지기 쉽고, 의미를 본문에서 찾기보다 자기 생각을 투영하면 이는 올바른 주석(exegesis)이 아니라 자기 생각의 주입(eisegesis)으로 전락할 수 있다. 따라서 미학적 감동이나 알레고리적 통찰이 신앙 수용의 계기가 될 수는 있지만, 그것이 곧 해석의 정당성을 보장하지는 않는다.

---

1) 바울의 알레고리적 해석: 종과 자유자(갈 4:22), 바다=세례, 반석=그리스도(고전 10:1-4), 모세의 수건=율법(고후 3:14-16)

제6권
기독교 신앙, 세상의 욕망

　어거스틴은 마니교에서 벗어나 밀라노에서 신앙생활을 시작하며 어머니 모니카와 재회한다. 그는 암브로시우스를 통해 은유적 성경 해석을 접하고 성경에 대한 새로운 통찰을 얻지만, 여전히 세상의 명예, 재물, 성적 욕망으로 인해 내면의 갈등을 겪는다. 기독교에 대한 지적 수용을 하면서도 의지의 전향은 일어나지 않았다. 그는 이러한 고민을 알리피우스와 네브리디우스와 나누면서, 습관의 폭력이 인간을 얼마나 깊이 묶어두는지를 고백한다. 어머니의 주선으로 동거하던 여인과 헤어지고 약혼했지만 욕망의 공허와 내면의 갈등은 심화된다.

　신학적 주제: 지성과 의지, 문자와 정신, 죄의 습관성, 공동체와 은총

1. 어거스틴을 찾아온 어머니

모든 위험을 무릅쓰고 아들을 찾아온 모니카의 신앙은 확고하고 헌신적이었다. 그녀는 인생의 목적이 분명한 확신과 자세로, 풍랑 속에서도 선원을 위로하며 평정을 유지했고, 마니교를 떠난 아들의 변화에도 놀라지 않을 만큼 아들의 회심에 대한 확신을 지니고 있었다. 매일 눈물로 기도하며 아들이 결국 충실한 신자가 될 것을 믿었고, 암브로시우스의 설교를 경청했다. 이러한 모니카의 신앙과 지식만을 추구하는 어거스틴의 애매한 상태가 뚜렷한 대조를 이룬다.

> "나는 그 건강을 회복하기 전에 의사가 소위 '위기'라고 부르는 더 위험한 단계를 거쳐야 했습니다."(6.1.1)

어거스틴은 병(죄), 약(믿음), 의사(구원자)와 같은 의학적 비유를 자주 사용하여 구원의 과정을 설명했다. 그는 마니교에서 벗어난 상태를 오히려 "위기"라고 보았는데, 이는 신앙의 공백 상태가 인간을 더 깊은 혼란과 방황으로 몰아넣을 수 있기 때문이다.

2. 낡은 습관을 버리는 어거스틴의 어머니

모니카는 북아프리카 기독교 전통에 따라 순교자 사당을 숭배해 왔으나, 암브로시우스 감독이 이를 금지하자 즉시 따르며 "습관의 폭력"에서 벗어났다. 대신 그녀는 기도, 빈민 구제, 성만찬 참여, 선행과 신앙생활, 교회 출석에 힘썼다. 그녀의 삶은 신앙은 교회를 중심으로 실천적 선행과 함께 이루어져야 함을 보여준다.

3~4. 암브로시우스의 말씀과 모습

어거스틴은 학문적 탐구와 논쟁에 몰두하던 중, 암브로시우스를 주의 깊게 관찰하며 여러 궁금증을 품었다. 암브로시우스의 삶을 통해 절제된 독신생활, 필요한 만큼만 섭취하는 식생활, 정독 중심의 독서 습관을 배웠다.

암브로시우스의 설교를 통해 배운 것은 다음과 같다.

> 첫째, "하나님의 형상"은 물질이 아니며, 자신이 비판했던 기독교는 실제가 아니라 스스로 만든 허상을 겨냥한 것임을 깨달았다.
> 둘째, 구약의 율법서와 예언서는 영적 의미로 해석해야 함을 깨닫고, "율법은 죽이고 영은 살린다"(고후 3:6)는 말씀의 뜻을 이해했다.
> 셋째, 믿었더라면 영혼이 치유되었을 것이지만, 과거에는 치료의 손길을 거절했음을 반성했다.

문자와 정신(의미)의 차이

성서	교회	그리스도	성찬	율법
글자	보이는 교회	인성	떡과 포도주	글자
↓	↓	↓	↓	↓
정신(의미)	보이지 않는 교회	그리스도	그리스도의 임재	법 정신

기독교 신앙은 문자에 매여 그 의미를 경직되게 해석하면 안 된다. 예를 들어, 미가는 평화의 도래를 예언하며 "칼을 보습으로, 창을 낫으로"(미4:3) 바꾸는 모습을 그리지만, 요엘은 전쟁 준비의 맥락에서 "보습을 칼로, 낫을 창으로"(욜3:10) 만들 것을 예언한다. 동일한 표현이 상반된 문맥에서 사용될 수 있음을 통해, 성경은 문자표면 속 영적 의미와 해석의 맥락을 통해 이해되어야 한다.

5. 성서의 권위

어거스틴은 신앙이 자라며 믿지 않으면 알 수 없는 일이 많음을 깨닫고, 지식은 믿음을 전제로 한다고 강조했다.

> "우리가 순수 이성으로 진리를 발견하기가 너무 약하고 또한 그래서 성서의 권위가 필요하므로, 당신은 모든 곳에서 그러한 탁월한 권위를 성서에 주어 우리로 하여금 그것을 통해 당신을 믿고 찾도록 하신다고 나는 믿기 시작했습니다."(6.5.8)

1) 성서의 권위가 지닌 특징

첫째, 누구나 쉽게 읽을 수 있으나 깊은 의미 속에 심오한 신비가 감추어져 있다.
둘째, 명백한 말과 단순한 문체로 모두에게 열려있으나, 깊이 있는 사색을 요구한다.
셋째, 모든 사람을 불러 모아들이되, 좁은 문을 통해 소수의 이들을 하나님께로 인도한다.

2) 신앙과 이해의 관계

첫째, 하나님을 알기 위해서는 먼저 믿음이 필요하다. 이는 아이가 부모를 인식하기 전 본능적으로 신뢰하는 것과 같다.
둘째, 사랑(의지)은 이성보다 영원하다. 하나님은 사랑이시기 때문이다.
셋째, 믿음은 이 세상에서 잠정적으로 필요한 것이다.

어거스틴은 신앙이 이해의 출발점임을 강조하며, 지성을 희생하지 않는 신앙을 추구했다. 그는 모든 지식과 진리가 궁극적으로 기독교의 자산임을 인정하며, 세상의 지혜를 황금에 비유해 어디서든 귀하지만 그것으로 우상을 만들지 말라고 경계했다.

아리스토텔레스와 토마스 아퀴나스는 인간을 이성적 존재로 보고 이성이 의지를 통제해야 한다고 보았다. 반면 어거스틴과 프로이트는 인간을 비이성적이거나 의지적으로 분열된 존재로 이해했다. 특히 어거스틴은 병든 의지를 치유하는 길은 믿음에 있다고 보았고, 이를 통해 신앙이 인간 존재의 근원적 회복을 가능케 한다고 강조했다.

3) 어거스틴의 신앙론

어거스틴은 자신의 믿음이 세 단계로 발전했다고 말한다. 첫째, 하나님의 존재에 대한 인식, 둘째, 교리·성서·교회의 권위에 대한 신앙적 수용, 셋째, 하나님에 대한 인격적 신뢰이다. 이 셋은 서로 연결되어 있으며, 궁극적인 믿음은 하나님과의 인격적 관계에 기초한 신뢰이다.

존재에 대한 이해	지식(*notitia*)	*credere Deum*
권위에 대한 승인	승인(*assensus*) about	*credere Deo*
인격적 신뢰	신뢰(*fiducia*) in	*credere in Deum*

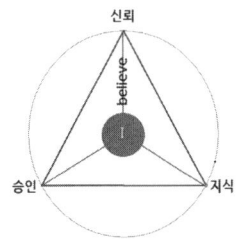

4~5세기에는 삼위일체론과 기독론의 교리와 신조가 확립되었다. 중세에는 이를 철학적으로 해석하고 설명하는 작업이 이루어졌다. 신학은 주어진 신앙을 이해하려는 노력이었으며, 안셀무스는 이를 "알기 위해 믿는다"(*credo ut intelligam*), "신앙은 지식을 추구한다"(*fides quaerens intellectum*)라고 표현했다.

그리스도와 문화 관계 유형 (리처드 니버)

①	문화와 대립하는 그리스도	신앙과 이성의 적대 관계	터툴리안 톨스토이
②	문화에 속한 그리스도	문화와 기독교의 지향점 동일	영지주의 자유주의
③	문화 위에 있는 그리스도	이성 위의 신앙	토마스 아퀴나스 천주교
④	문화와 역설적 관계에 있는 그리스도	때로는 yes 때로는 no	루터 바울
⑤	문화를 변혁하는 그리스도	문화를 변혁하는 신앙	어거스틴, 칼뱅 웨슬리

문화에 대한 태도
부정적 ←--------------------→ 긍정적
①대립론자 ④역설론자 ⑤변혁론자 ③종합론자 ②자유주의자

6. 헛된 행복의 추구(명예, 돈, 결혼)

1) 죄의 삼중 형태

어거스틴은 죄를 고백할 때 육체의 정욕, 안목의 정욕, 이생의 자랑의 세 형태로 나누었다. 그는 명예·돈·결혼을 행복의 조건으로 열망했으며, 이는 교만(권력욕), 탐욕, 정욕으로 나타난다. 이 세 죄는 의지·마음·몸과 관련되며, 그는 몸의 죄보다 마음의 죄와 의지의 집착을 더 심각하게 보았다.

2) 자비와 처벌

어거스틴은 회심 이후 하나님의 자비와 처벌 사이에 존재하는 역설적 관계를 깨닫는다. 회심 이전의 삶에서 겪은 하나님의 처벌은 사실 자비의 표현이었다. 그는 하나님을 "복수하시는 분"이자 동시에 "자비의 샘"으로 고백하며, 하나님께서 인간을 회복시키는 놀라운 방식을 체험했다고 말한다. 하나님의 자비는 종종 세상의 사건들 속에서 처벌의 형태로 드러난다.

> "당신의 자비는 곤경을 통해 크게 역사하셔서 내가 당신 아닌 것에 만족감을 느끼지 못하게 하셨습니다."(6.6.9)

> "우리는 세상일을 추구할 때 꼭 함께 따르는 좌절감을 느끼며—이것도 당신의 자비가 하실 일이었습니다."(6.10.17)

> "오 주님, 당신은 내 마음의 깊은 곳에서 엄한 자비로써 나를 밀어붙여 두려움과 부끄러움의 채찍을 들어 나를 두 배로 치셨습니다."(8.11.25)

> "그때 당신이 얼마나 심한 통증으로 나를 치셨고, 또한 얼마나 빨리 당신의 자비가 역사하셨던가는 내가 잊을 수도 없고"(9.4.12)

3) 어거스틴의 행복론

어거스틴은 거지와 자신을 비교하며 참된 행복을 성찰했다. 거지는 술에 취해 명랑했지만, 그는 불안과 두려움에 사로잡혀 있었다. 거지는 술에서, 그는 헛된 영광에서 행복을 찾으려 했다. 거지는 다음 날 정신을 차렸지만, 그는 여전히 공허했다. 거지는 사람들에게 복을 빌며 살아갔고, 그는 거짓과 명예욕을 좇았다. 오히려 거지에게는 일종의 소명 의식이 있다고 느꼈고, 자신은 학문적 교만 속에 진정한 행복이 없었다. 그는 거지보다도 더 불행하다고 느꼈다.

8. 투사 경기에 다시 빠진 알리피우스

카르타고에서 어거스틴의 제자 알리피우스는 한때 원형극장의 투사 경기에 깊이 빠져 있었다. 어느 날 어거스틴의 강의에서 경기에 열광하는 자들을 비웃는 비유를 듣고 그 매혹에서 벗어났다. 그러나 로마에서 법학 공부 중 친구들의 권유로 다시 경기장에 들어갔다. 그는 '몸만 가고 마음과 눈은 외면하겠다'고 다짐했지만, 잔혹한 장면에 사로잡혀 다시 열광하며 무너졌다.

> "그의 혼이 이렇게 더 약하게 된 것은 당신을 의지하지 않고 자신의 힘을 믿었기 때문입니다."(6.8.13)

알리피우스의 경험이 주는 교훈은 다음과 같다.

인간은 자신의 힘과 의지를 과신해서는 안 된다.

반복된 잘못은 결국 인간의 본성을 왜곡시킨다.

악한 습관, 즉 '습관의 폭력'은 빠져나오기 어렵다.

습관과 죄는 개인의 문제를 넘어 사회적 관계 속에서 강화된다.

죄악이 있는 자리를 피하는 것이 가장 지혜로운 길이다.

오직 자비로우신 하나님의 은총을 의지하며 살아가야 한다.

11. 어거스틴의 자기 성찰

어거스틴은 19세에 처음 지혜에 대한 열망을 느꼈지만, 30세가 될 때까지도 쾌락의 진흙탕에 머물러 있었다. 그는 마니교와 아카데미 학파의 철학에서 한계를 느끼며 점차 성서의 합리성과 깊이에 눈을 뜨기 시작했다. 암브로시우스 감독은 바쁜 일정으로 시간을 내주지 못했지만, 어거스틴은 영혼의 건강을 위해 필요한 책을 구하려고 애썼다. 그는 때때로 갑작스러운 죽음과 심판을 생각했으나, 다시 세상의 욕망으로 되돌아가곤 했다.

"나에게 유력한 친구가 많으니, 그들에게 강요하지 않더라고 도지사 자리쯤이야 쉽게 딸 수 있을 것이다. 그러면 돈 많은 여자와 결혼할 수 있어서 우리들의 경제적 부담이 적어질 것이요. 나의 욕망은 채워지겠지"(6.11.19)

어거스틴은 행복의 조건을 명예와 돈, 결혼에서 찾고 있었다. 그러나 회심 이후 그의 행복론은 안식으로 완전히 변화되었다.

12. 독신과 결혼 생활

"육욕의 질병에 걸려있었고 그 치명적인 쾌락의 쇠사슬에 얽매여 그것을 이리저리 끌고 다녔습니다. 그러나 나는 그 병에서 풀려나기를 두려워했습니다."(6.12.21)

"나의 성적 경험은 이미 습관화된 쾌락인 만큼 끊기가 힘들다고 했습니다. … 부부의 명예인 결혼 생활을 잘하고 자식을 낳아 잘 기른다는 의무에 대해서는 별 관심이 없었습니다. 나는 충족될 수 없는 정욕을 만족시키려는 습관성의 노예가 되어 큰 괴로움을 당하고 있었고 … 그 노예 상태로 끌려가고 있었습니다."(6.11.19)

어거스틴은 자신의 습관화된 성적 욕망을 "쇠사슬," "병," "노예"로 표현하며, 습관화된 죄 자체가 이미 심판이자 벌이라고 보았다. 결혼에 대해서는 부부의 명예와 자식을 낳아 잘 기를 의무를 인정했지만, 긍정도 부정도 아닌 중립적 태도를 보였으며, 이는 그의 심리적 경험에서 비롯된 것으로 보인다.

15. 어거스틴의 동거인

모니카는 13년간 동거한 어거스틴의 연인을 하층민이라며 내보내고 나이 어린 약혼녀를 중개했다. 여기에는 아들을 출세시키려는 모니카의 이기심과 무정함, 그리고 이에 순응한 어거스틴의 소극적 태도가 드러난다. 동거녀는 다른 남자를 만나지 않겠다고 하나님께 맹세하며 아들을 남기고 고향으로 돌아가는 영웅적 결단을 보였다. 그러나 어거스틴은 어린 약혼녀와의 결혼을 기다리는 2년조차 견디지 못하고 다시 여자를 얻어 정욕의 노예로 더 깊이 빠졌다. 어거스틴이 이런 부끄러운 모습을 고백한 이유는, 하나님의 은총 없이는 인간이 스스로 죄에서 벗어날 수 없음을 드러내기 위함이었다.

"당신이 사람을 구원하시기 위하여 내리시는 채찍과 절망을 아직 경험하지 못한 교만한 자가 있으면 저를 보고 비웃으라고 하십시오. 그러나 나는 찬양하기 위하여 나를 부끄러움을 고백하고자 합니다. 이제 간구하오니 나에게 은혜를 주시어 나로 하여금 현재의 기억을 더듬어 내 과거의 오류를 회상하게 하시고 그것을 당신께 감사의 제물로 드리게 하소서."(4.1.1.)

16. 죽음과 심판을 두려워함

1) 하나님을 경외함

어거스틴은 명예와 돈의 유혹은 이겼지만, 육체의 정욕에는 여전히 얽매여 있었다. 그러나 "육체적 쾌락의 심연에 빠지지 않게 막아준 것은 죽음과 하나님의 심판에 대한 두려움이었다"(6.16.26).

하나님을 경외함은 생명의 근원이며, 하나님을 두려워하는 죄인에게는 희망이 있지만, 하나님을 두려워하지 않는 사람은 아무리 위대한 종교적 업적을 쌓아도 결국 무너진다.

2) 하나님을 목적으로 사랑하지 않는 사람의 불행

"내가 이렇듯 진흙탕에 빠져 눈이 어두워진 탓으로, 목적으로 삼고 사랑해야 할 덕과 미와 빛을 식별하지 못했으니, 이것이 내 불행의 원인인 줄을 모르고 있었습니다. 이 빛은 육체의 눈으로는 볼 수 없고 다만 내적 인간의 눈으로만 식별할 수 있었습니다."(6.16.26).

"아 이 구부러진 길! 당신을 떠나면 보다 더 좋은 어떤 것을 찾을 수 있으리라고 바랐던 이 오만한 내 영혼에 화 있으라! 내 영혼이 등으로, 옆으로, 배로 엎치락뒤치락하며 이리저리 누워보아도 모두 불편하여 괴롭기만 했습니다. 오로지 당신 안에서만 내 영혼이 편안히 쉴 수 있사옵니다."(6.16.26)

제7권
어거스틴의 지적 회심

어거스틴은 31세에 신의 본성과 악의 기원을 탐구하며 마니교와 점성술의 한계를 깨달았다. 신플라톤주의 사상을 통해 하나님은 영적 존재이며, 선 자체라는 인식을 얻었고, 모든 존재는 선하고, 악은 존재가 아니며 인간 의지의 왜곡에서 비롯되었다는 것을 깨닫게 된다.

그는 로고스 되신 그리스도에 대한 인식을 얻게 되었으나 그리스도의 성육신과 십자가의 의미를 알지 못하였다. 훗날 플라톤주의에는 그리스도의 성육신이 없다는 점이 기독교와의 본질적 차이임을 깨달았고, 존재 자체이신 하나님을 인식하는 지적 신비체험 후 사도 바울의 서신을 읽었다.

신학적 주제: 이원론, 지적 회심, 플라톤주의에 대한 긍정적 수용과 한계, 악의 기원 문제, 존재론, 중보자 그리스도의 은총

1. 신의 본성에 대한 새로운 이해

어거스틴은 과거에 존재는 공간을 차지하는 물질이며, 마음의 활동도 물질적이라 보았다. 하나님 역시 무한한 공간에 존재하는 실체로 여겼다. 그러나 철학을 공부하면서 그는 존재와 하나님에 대한 비물질적 인식에 도달했다.

> "소멸하는 존재는 불멸하는 존재보다 열등하고, 침해될 수 없는 존재는 침해되는 존재보다 더 우월하며, 불변하는 존재는 변하는 존재보다 더 좋다는 것이다."(7.1.1)

3. 자유의지와 악의 문제

이 시기 어거스틴은 하나님의 창조는 믿었지만, 악의 원인은 이해하지 못했다. 마니교는 선과 악의 영원한 대립을 주장하며, 하나님의 본성이 악에 의해 침해될 수 있다고 보았다. 반면 교회는 악은 인간의 자유의지에서 나오며, 고난은 하나님의 공의로운 심판이라 가르쳤다.

> "한 가지 사실이 나를 당신의 빛으로 조금 인도해 주었습니다. 그것은 내가 살아 있음을 확실히 알고 있는 것과 마찬가지로 내가 의지를 지니고 있음을 확실히 알고 있다는 사실이었습니다. 그러므로 내가 무엇을 하려고 원하든지 안 하든지

간에 의지의 주체는 다름 아닌 나 자신이었다는 사실을 확실히 알게 되었습니다. 나는 이제야 바로 여기에 내 죄악의 원인이 있음을 알게 되었습니다."(7.3.5)

어거스틴은 사람됨의 조건을 존재, 지식, 의지로 보았다. 그는 의지의 주체가 자기 자신임을 깨달았고, 따라서 죄의 근원도 외부가 아닌 자기 자신에게 있음을 인식하게 되었다.

4. 최고선이 되신 하나님

어거스틴은 하나님의 본성을 세 가지로 이해했다.

- 하나님은 타락할 수 없는 최고의 선이며, 악의 근원은 하나님 안에 있을 수 없다.
- 하나님의 의지와 능력은 동일(Will=Can)하지만, 인간은 의지와 능력이 일치하지 않는다.
- 하나님의 인식은 존재의 전제(Knowing=Being)이며, 인간은 존재한 후에야 인식할 수 있다.
  이러한 이해는 안셀무스의 존재론적 신 존재 증명을 예견한 것으로 볼 수 있다.

5. 악의 원인을 찾아서

어거스틴은 악의 기원을 다음과 같은 질문들로 탐구했지만, 여전히 마니교적 이원론적 사고를 완전히 극복하지 못해서 명확한 답을 찾지 못하고 있었다.

> 하나님은 선하고 전능하며, 만물을 한없이 능가하신다.
> 하나님은 모든 것을 선하게 창조하셨다.
> 그렇다면 악은 어디서 온 것인가?
> 악은 실제로 존재하지 않는 것인가?
> 그렇다면 왜 우리는 악을 두려워하고 피하려 하는가?
> 만약 하나님이 악한 질료로 세상을 만드셨다면, 왜 그 질료를 바꾸지 않으셨는가?
> 그렇다면 왜 선한 질료를 만들어 세상을 창조하지 않으셨을까?

9. 플라톤주의 철학과 성서

어거스틴은 밀라노에서 『엔네아데스』[1]를 읽고 신플라톤주의를 접했다. 그는 그 사상에서 성경과 유사한 내용을 발견했으나, 플라톤 철학에는 성육신이 없음을 지적했다. 그는 신플라톤주의의 유익을 애굽에서 가져온 황금에 비유하며 긍정적으로 평가했지만, 그것을 신앙의 대상으로 섬기지 않도록 경계했다.

---

1) 『엔네아데스』는 플로티노스가 남긴 54개 논문을 그의 제자 포르피리오스가 정리한 것이다. 내용상 9개씩 6권으로 정리했는데 엔네아데스는 9를 의미하는 엔네아스의 복수형이다. 이 책에서는 일자→정신→영혼→육체가 발생했다고 주장했다.

10. 신적인 빛에 의한 진리로의 접근 (지적 신비 체험 1차 설명)

1) 이중 초월

"나는 이 책을 통해 나 자신 안으로 들어가라는 권고(eros)를 받고 당신의 인도하심을 따라 내 영혼 안으로 깊숙이 들어가게 되었습니다. 내가 이렇게 할 수 있었던 것도 당신이 나를 도와주셨기 때문입니다(agape). 내가 영혼 안으로 들어가자 미약한 내 영혼의 눈으로나마 거기서 내 영혼의 눈 위에 그리고 내 정신 위에 있는 변하지 않는 빛을 보았습니다."(7.10.16)

어거스틴의 신학 방법론은 사물을 초월하여 자신의 마음으로 들어가고, 다시 마음을 넘어 하나님께로 상승하는 이중 초월의 방식이다. 내면으로 들어가라는 권고는 신플라톤주의에서 비롯되었으나, 플라톤주의가 영혼이 자신의 힘으로 초월을 추구하는 에로스에 근거한다면, 기독교 신앙은 영혼이 하나님의 은혜와 도움으로 하나님께 나아가는 아가페에 기초한다.

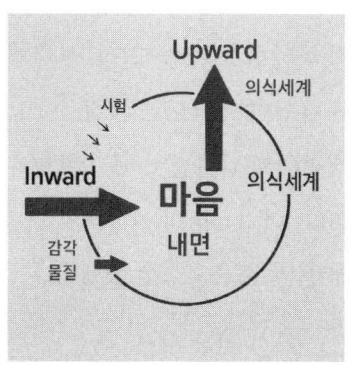

2) 삼위일체를 관상

"진리를 아는 자는 그 빛을 알게 되고, 그 빛을 아는 자는 영원을 알게 됩니다. 그리고 진실로 그 사랑은 이 빛을 알게 합니다. 오 영원한 진리여! 참된 사랑이여!, 사랑스러운 영원이여"(7.10.16)

이 인용문에서 영원한 진리는 성자를, 참다운 사랑은 성령을, 사랑스러운 영원은 성부를 가리키며, 이를 통해 삼위일체를 관상하고 있다.

어거스틴 사상의 구조

	신론(삼위일체론)		인간론	in te	신학(어거스틴)
Being	영원(성부)	존재의 근원	존재(I am)	안식	창조론/존재론
Truth	진리(성자)	빛	인식(I know)	인식	인식론/조명론
Love	사랑(성령)	사랑의 근원	의지(I love)	행복	행복론/윤리

이 도표는 어거스틴의 삼위일체론과 인간론의 관계를 구조적으로 보여준다. 삼위일체 하나님은 존재, 진리, 사랑의 차원에서 자신을 드러내며, 인간은 하나님의 형상으로 존재, 인식, 의지를 통해 이를 반영한다. 인간은 삼위일체 하나님 안에서 안식하며, 진리를 인식하고 참된 행복을 누린다. 어거스틴의 신학은 이러한 삼위일체 이해를 바탕으로 창조론, 조명론, 행복론으로 전개된다.

4) 하나님을 순간적으로 관상하는 경험

"나는 사랑과 두려움으로 떨고 있었습니다. 그때 나는 당신과 전혀 같지 않은 영역에서 당신과 아주 멀리 떨어져 있음을 발견하게 되어 마치 높은 데서부터 다음과 같은 당신의 음성을 듣는 듯했습니다. … 나는 스스로 있는 자니라(출3:14) 하셨습니다."(7.10.16)

"이 빛은 무슨 빛입니까? 나는 이제 두려움에 떨면서도 그것을 사모하는 사랑에 불타고 있습니다. 떨고 있음은 내가 그것과 같지 않음이요, 불타고 있음은 어떤 면에서 그것과 같기 때문입니다. 이렇듯 때때로 나를 뒤덮고 있는 구름을 헤치고 나를 비춰주는 것은 지혜의 빛, 지혜 그 자체입니다."(11.9.11)

어거스틴은 신비를 체험할 조명을 체험할 때, 영원과 시간 사이, 하나님과 인간 사이의 질적 차이로 경외감을 느낀다. 동시에 하나님의 형상을 지녔기에 사랑의 매혹을 경험하며, 존재에 대한 지적 확실성을 갖게 되고 인격적 하나님을 체험한다.

루돌프 오토는 인간이 성스러운 존재를 경험할 때 느끼는 독특한 종교적 감정, 누멘 감정(Nuninouse feeling)을 다음으로 정의했다.

이성을 초월하는 전혀 다른 것과 만나는 신비 감각,
그 존재 앞에서 한계와 무력함을 느끼는 두려움과 전율,
그 신비가 주는 매혹과 끌림

어거스틴의 하나님 체험은 성육신과 은총 안에서 이루어지는 구원 사건이며, 궁극적으로 삼위일체 하나님과의 사랑의 관계로 완성된다. 반면 루돌프 오토의 누멘 감정은 종교 현상을 보편적 심리와 현상학적으로 분석하며, 구체적 구원이나 계시보다 거룩함의 체험 구조에 초점을 둔다.

5) 관상의 결과로 깨닫게 된 네 가지 결론

무로부터의 창조 (11장)

존재하는 것은 선하다. (12장)

창조 세계는 전체의 조화를 이룰 때가 더 좋다. (13장)

악이란 실체가 아니고 의지의 왜곡이다. (16장)

11. 절대적 존재, 존재, 절대적 비존재 (Being, being, non-being)

1) 어거스틴의 존재론

하나님은 스스로 존재하시며, 만물을 새롭게 하시는 참된 존재(Being)이시다. 피조물은 무(nihil)에서 창조되었기에 절대적 존재도 완전한 비존재(non esse)도 아니며, 본질적으로 비존재를 향한 성향을 지닌다. 그러므로 피조물은 하나님께 의존할 때에만 존재를 유지할 수 있고, 인간 또한 하나님을 의지할 때에만 참된 존재성(being)을 가진다.

어거스틴은 타락 이전의 창조 질서 안에서 비존재 개념을 상대적 무(non esse)와 절대적 무(nihil)로 구분한다. 시간 속에서 있다가 사라지는 것은 상대적 무에 속하지만, 하나님을 등지고 피조물 안에서 만족을 추구할 때 절대적 무에 빠지는 것이다.

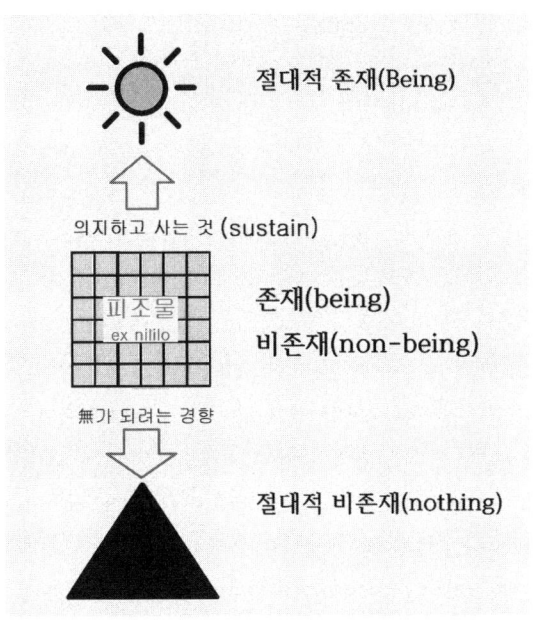

폴 틸리히의 존재론은 어거스틴의 사상을 계승·발전시킨 것이다. 그는 『조직신학』 1권에서 하나님을 "존재의 근거(ground of Being)"로 규정하고, 존재를 비존재에 저항하는 힘(power of Being)으로 이해했다. 피조세계는 존재와 비존재가 긴장 속에서 통합된 실재라고 보았다. 또한 『존재의 용기』에서는 신앙을 하나님 안에서 존재하려는 용기로, 『궁극적 관심』에서는 신앙을 존재의 깊이에서 비롯된 "궁극적 관심(Ultimate Concern)"으로 정의했다.

2) 비기독교적 창조론

형성설(formation theory): 플라톤의 이원론
플라톤은 세계를 영원한 형상(이데아)과 가변적 질료의 결합으로 보았다. 데미우르고스는 이데아를 본보기로 삼아 질료에 질서와 조화를 부여했다. 이는 절대적 무(無) → 상대적 무(질료) → 창조의 단계로 연결된다.

유출설(emanation theory): 플로티노스의 일원론
모든 존재는 일자(the One)로부터 유출된다.
일자(the One) → 지성(nous) → 영혼(psychē) → 세계라는 존재의 서열이 생긴다. 의지적 행위가 아니라 존재의 충만성에 따른 결과이다. 존재의 가치와 진리는 일자로부터 '거리'에 따라 결정된다.

3) 기독교적 창조론

창조설(creata ex nihilo): 기독교 창조설
하나님은 무(無)로부터 (ex nihilo) 모든 것을 창조하셨고, 이는 의지적, 인격적 행위이다.
창조는 하나님의 의지와 말씀에 의해 절대주권으로 이루어졌다.
하나님의 창조는 본래 선하고 고유한 목적을 가진다.
모든 피조물은 스스로 존재할 수 없고 시간 속에서 변화한다.

모든 피조물은 선하게 창조되었고, 악하게 창조된 것은 없다.
창조는 하나님의 필요 때문이 아니라 사랑과 선의의 넘침에서 비롯된 선물이다.
피조물은 유한한 존재로 하나님과의 관계 안에서만 존재를 유지할 수 있으며, 그 자체로는 소멸의 가능성을 내포한다.

13. 창조된 세계는 서로 조화를 이루고 있어 좋다.

어거스틴은 4권에서 인간의 감각이 부분이 아닌 전체를 듣고자 하듯, 존재 역시 부분적으로 아는 것보다 전체를 동시에 아는 것이 더 큰 기쁨이라고 보았다. 그 연장선에서 하나님을 가장 선하고 위대하신 분으로 고백한다. (4.11.17).

7권에서는 창조 질서의 조화의 아름다움을 언급한다.

"위에 있는 존재가 아래에 있는 존재보다 더 좋으나 모든 피조물이 함께 화합해서 존재한 것이 위에 있는 존재가 홀로 있는 것보다 훨씬 좋다는 것이었습니다."(7.13.19)

"전체가 부분보다 아름답다"는 어거스틴의 신학은 단지 미학적 명제가 아니라, 하나님의 창조, 섭리, 구속, 그리고 최종적 회복을 통합적으로 이해하는 존재론적 통찰이다. 이는 악의 문제, 고난의 의미, 그리고 인간 존재의 위치까지도 전체 안에서 해석되어야 한다는 신학적 원리로 작동된다.

17. 하나님을 인식한 지적 신비체험 (2차 설명)

1) 하나님 체험 직후 일상으로 복귀

"그러나 나는 안정되지 못해서 나의 하나님을 계속해서 즐길 수(uti)가 없었습니다. 내가 당신의 아름다움에 쏠렸다가도 다시 내 무게로 말미암아 당신에게서 떨어져 나와 슬퍼하면서도 낮은 부분을 향해 떨어져 들어가고 있었습니다. 이 무게란 육체의 버릇(정욕)이었습니다."(7.17.23)

때로는 당신이 내 안에 역사하셔서, 나에게 평상시와 다른 경험, 즉 말로 다할 수 없는 기쁨을 경험하게 하십니다.… 그러나 나는 자신의 비참한 무게에 눌려 평상시의 일에 다시 떨어져 내려와 나의 옛 습관에 다시 사로잡히게 됩니다."(10.40.65)

어거스틴은 습관의 폭력과 노예가 된 의지 때문에 신비체험에서 밑으로 떨어졌다. 타락한 육체가 혼을 아래로 끌어내리고, 지상의 장막 생활은 마음을 짓눌러 여러 생각으로 분산시켰기 때문이다.

2) 단계적인 상승의 방법

어거스틴은 신비체험의 단계를 구체적으로 설명했다. 이성은 먼저 감각 단계를 거쳐 물체를 지각하는 영혼으로 상승하고, 이어 혼의 내적 지각에 이른다. 여기까지는 동물도 지닐 수 있는 "영혼의 기능(*anima*)"이다. 그 후 사색하고 판단하는 "영혼의 기능(*animus*)"에 도달하며, 자기 인식의 단계로 상승한다. 이 단계에서 이성은 습관의 지배에서 벗어나는 정화의 단계로 들어간다. 이어 자신의 생각을 비추는 조명의 빛을 찾게 되고, 눈 깜짝할 순간에 존재자에 도달한다. 그러나 인간의 연약함으로 인해 곧 다시 일상으로 돌아오게 된다.

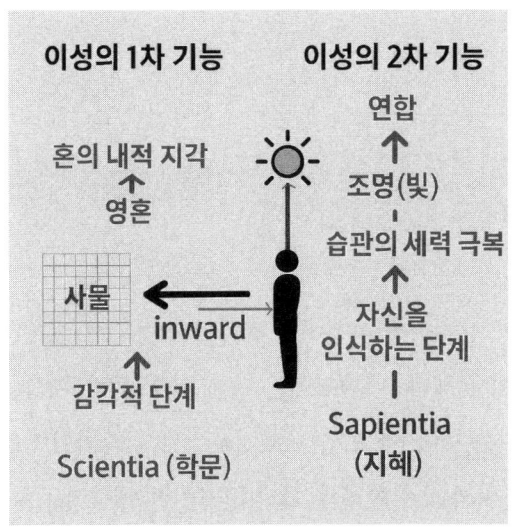

영적 여정의 세 단계의 길

정화: 도덕적 정화를 넘어 내면의 정화로 나아가며, 사랑의 질서를 바로잡는 단계.

조명: 창조 세계를 통해 하나님을 인식하는 명상을 거쳐, 하나님의 빛으로 진리를 바라보는 관상의 단계.

연합: 하나님과의 사랑의 교제 속에서 관계적 연합을 이루어 참된 행복과 안식을 누리는 단계.

18. 그리스도만이 유일한 구원

어거스틴은 『고백록』 7장과 10장의 끝에서 두 차례 기독론을 기록했다. 7장에서는 회심 이전에 기독론의 중요성을 깨닫는 과정을 설명한다.

> "나는 당신을 즐기는 데 알맞은 힘을 얻고자 그 길을 찾아보았으나 찾지 못했습니다. 그러나 하나님과 인간의 중보자이신 인간 예수 그리스도(딤전2:5)를 받들어 모실 때 비로소 그 길을 찾았습니다."(7.18.24)

그는 철학적·종교적 여정에서 하나님을 참되게 즐거워하는 방법을 발견하지 못했다. 마니교에는 선과 악을 초월하는 실체가 없었고, 파우스트는 무지했고, 암브로시우스는 학식이있었으나 거리감이 있었다. 아카데미 학파의 회의주의는 비판 능력을 주었지만, 긍정할 대상을 제시하지 못했다. 신플라톤주의는 신비체험의 길을 보여주었으나, 그것은 순간적 경험에 불과했다.

그 지적 신비체험 중 하나님은 멀리서 "나는 스스로 있는 자"라고 말씀하셨다. 그러나 예수 그리스도는 가까이에서 "내가 길이요 진리요 생명이다"라고 부르셨다. 중보자이신 그리스도는 말씀이 육신이 되어 하나님과 영혼 사이에서 하늘 양식을 먹여주신다.

19. 그리스도의 성육신에 대한 견해

회심 이전 어거스틴은 포티누스의 이단적 기독론을 따르며, 예수 그리스도를 말씀에 참여한 최고 피조물로 보았다. 훗날 그는 이 생각을 수정하고, 바른 신앙을 위해 이단도 필요악이라 말했다.

당시 그는 말씀이 인간의 영혼과 육체에 결합했다고 보았고, 이는 후대 그의 기독론 형성에 중요한 역할을 했다. 그는 영혼의 회심 이후에도 말씀에 따르는 의지의 변화를 강조했다.

20. 플라톤주의의 길과 기독교의 길과의 차이

어거스틴은 플라톤주의를 통해 진리가 비물질적이고 영적이며, 또한 하나님이 무한하고 불변한 창조주임을 인식했다. 그러나 그는 하나님을 지속적으로 향유하지는 못했다.

플라톤주의는 지적 휴식을 주었지만 마음의 안식은 없었고, 이성과 사유로 신을 탐구하려는 교만의 길이었다. 반면 기독교는 겸손과 고백으로 은혜를 구하는 길이었다.

어거스틴은 철학서를 먼저 읽고 성경을 읽게 된 것을 다행으로 여겼다. 그 반대였다면 교만에 빠질 위험이 컸기 때문이다.

21. 사도 바울의 서신을 읽음

바울 서신에는 플라톤주의 책에는 없었던 은혜와 찬양이 있음을 발견했다.

"우리 인간이 속사람으로는 하나님의 법을 즐거워하되 우리의 지체 속에서 한 다른 법이 우리의 마음의 법과 싸워 우리의 지체 속에 있는 죄의 법 아래로 우리를 사로잡아 오는 것을 볼 때(롬 7:22-23) 우리가 무엇을 감히 알 수 있습니까?"(7.21.27)

바울 서신은 지적 변화와 의지적 변화가 모두 필요하며, 이는 그리스도의 성육신과 속죄를 통한 은혜로 가능하다고 가르쳤다. 어거스틴은 이를 통해 은혜와 구속의 복음을 깨달았고, 이는 『고백록』 8권의 회심으로 이어지는 배경이 되었다.

기독교와 플라톤주의의 차이

기독교	플라톤주의
성육신: 하나님의 겸손	이데아 세계: 물질과 시간으로 들어올 수 없음
창조론: 무로부터의 창조	유출설
아가페: 하나님이 인간을 찾는 사랑	에로스: 인간이 신을 찾아가는 사랑
몸의 부활	영혼 불멸
직선적 시간관	순환적 시간관
진리로 인도하심	노력으로 진리를 찾는 방법

제8권
마음의 회심: 무화과나무 밑에서

어거스틴은 쾌락과 세속적 욕망에 대한 집착으로 회심을 망설이던 중, 의지의 이중성과 내적 갈등으로 깊은 고통을 경험한다. 이때 그는 심플리키아누스를 통해 빅토리누스의 회심 이야기, 포니키우스를 통해 안토니우스 수도사들의 헌신적 삶을 접하고 영적 자극을 받는다. 정원에서 절망 가운데 기도하던 중, "집어 들고 읽어라(Tolle lege)"는 어린아이의 음성을 듣고 성경을 펼쳐 로마서 13:13-14 말씀을 읽고 회심에 이른다. 이후 내면의 평화를 경험하며, 동행한 알리피우스 또한 함께 회심하게 된다.

신학적 주제 : 인간 내면의 분열, 노예의지, 절제, 회심

1. 심플리키아누스 사제를 찾아감

어거스틴은 『고백록』 7권에서 지적 회심을 통해 하나님의 존재를 확신했지만, 아직 마음의 회심이 없어 안식을 얻지 못했다. 그는 플

라톤주의 철학자이자 암브로시우스의 후계자로 397년 밀라노 감독이 된 심플리키아누스 사제[1]를 찾아가 상담했다.

그 시대의 세속적 행복은 명예·돈·결혼에 있었다. 어거스틴은 385년 황제를 찬양하는 연설로 명예를 구했고, 명문가의 딸과 약혼하며 돈을 추구했다. 이후 성경을 읽고 어느 정도 명예와 돈의 탐욕은 극복했으나, 습관화된 정욕을 이기지 못했다.

그에게는 지적 확실성보다 의지의 견고함이 더 중요했다. 영성이란 하나님의 존재를 아는 지식이 아니라, 영혼이 하나님 안에서 안식을 얻을 수 있는가의 문제였다.

2. 빅토리아누스의 회심 이야기

빅토리아누스는 로마의 수사학자이자 플라톤주의 철학자로, 아리스토텔레스·플로티노스·포르피리의 책을 그리스어에서 라틴어로 번역했다. 그는 심플리키아누스의 설득으로 성경과 기독교 문헌을 철저히 연구한 뒤 비공개적으로 기독교인이 되었다.

심플리키아누스는 "교회 안에서 보이지 않으면 기독교인으로 간주할 수 없다"고 말했고, 빅토리아누스는 "교회의 벽이 기독교인을 만드는 것인가?"라고 되물었다. 그러나 그는 훗날 공개적으로 신앙을 고백하고 세례를 받았다.

어거스틴은 이에 대해 "당신은 어떤 방법으로 그의 심장의 벽까지 밀고 들어가셨습니까?"(8.2.4)라고 물었다. 빅토리아누스는 교만한 철학에서 벗어나 말씀으로 마음의 벽을 뚫고, 예배와 세례를 통해 교

---

[1] 저명한 플라톤주의 철학자이며 암브로시우스 이후 397년 밀라노의 감독이 되었다.

회의 벽 안에 들어와 신앙공동체의 일원이 되었다. 기독교인이 되는 것은 단순한 이론의 확실성이 아니라, 세례와 예배로 교회 공동체에 속하는 것이다.

5. 노예 의지

어거스틴은 빅토리아누스처럼 되고 싶은 간절한 열망이 생겼다. 둘 다 플라톤주의에서 기독교 신앙으로 개종한 공통점이 있었지만, 어거스틴은 여전히 육욕의 쇠사슬에 묶인 자신을 발견했다.

1) 어거스틴이 분석한 노예 의지

> 정욕은 왜곡된 의지의 산물이다.
> 육욕은 명예·탐욕·정욕의 세 요소로 나타난다.
> 정욕에 복종하면 그것이 습관이 된다.
> 그 습관에 저항하지 않으면 결국 필연이 된다.

> "당신을 자유롭게 예배하고 즐기려 하는 '새로운 의지'가 내 안에 태어났어도 그 의지는 아직 약해서 오랫동안 나를 사로잡고 있었던 강한 '옛 의지'를 이겨내지 못했습니다."(8.5.10)

> "이 때에 그러한 버릇이 나를 거슬러 싸우는 원수가 된 것도 실은 나 때문이었으니 … 결국은 내 의지로 한 것이기 때문입니다. … 변명할 수가 없습니다."(8.5.11)

2) 영과 육 구별 방법의 차이

	플라톤	사도바울	어거스틴
영	이데아의 세계	성령에 순종하는 의지	하나님을 향하는 의지 (ad te)
육	물질세계	성령에 불순종하는 의지	하나님께 등을 돌리는 의지 (abs te)
	존재론적 해석	관계론적 해석	인간학적 해석

3) 죄의 법 (롬 7:22)

죄의 법은 습관의 폭력으로 사람을 죄에 묶어둔다. 마음은 의지를 거슬러 움직이고, 그 책임은 자기 자신에게 있다. 이 법에서 벗어날 길은 오직 하나님의 은혜뿐이다.

7. 자기 성찰

어거스틴은 제국 관리 폰티키아누스로부터 수도자 안토니오스와 헌신자들의 이야기를 듣고 큰 충격을 받았다. 이는 그로 하여금 세속적 야망을 내려놓고 참된 회심을 결단하게 만든 중요한 계기였다.

"나 자신을 살피기 싫어서 이때까지 내 등 뒤에 놓아두었던 나를 당신은 잡아떼어 내 얼굴 앞에 갖다 세워놓으셨습니다. 그리하여 당신은 내가 얼마나 보기 흉하고, 비뚤어지고, 더럽고,

얽혔고, 종기투성이인지 보게 하셨습니다."(8.7.16)

"나에게 순결을 주소서 절제를 주소서, 그러나 아직은 마소서."(8.7.17)

"나는 자책의 채찍을 휘둘러 내 영혼을 쳐서 당신을 따르려고 애쓰는 나를 따르라고 말했습니다. 그러나 내 영혼은 뒷걸음질만 했습니다. 내 영혼은 따라나서기를 거절하면서도 변명의 이유를 대지 못했습니다. 모든 이론이라는 논증은 다 동원되었으나 무너졌고 남는 것이란 떨리는 침묵밖에 없었습니다."(8.7.18)

어거스틴은 죄를 외면하려 했지만, 하나님은 그 죄를 직면하게 하셨다. 그는 순결을 원하면서도, 정욕의 병이 치유되는 것을 두려워하는 자신을 발견했다.

9. 두 의지

어거스틴은 영혼을 상대로 마음의 밀실에서 치열한 싸움을 벌였다. 그러나 의지와 능력이 일치하지 않았다. 몸은 마음이 원하는 대로 움직였지만, 마음은 마음이 원하는 대로 않았다(8.9.21). 그는 그 과정에서 자기 안에 두 의지가 있음을 깨달았다.

"그러나 실은 마음이 그것을 하려고 전적으로 원하지 않았기에 전적으로 명령을 하지 않은 것입니다. … 마음이 원하지 않는

한 명령한 것이라 할지라도 그것은 이행되지 않습니다."(8.9.21)

"그러므로 한 사람 안에서 두 의지가 서로 싸우는 현상을 보고 그 싸움이 선과 악의 두 원리(본성, 실체)로부터 유래된 두 영혼의 싸움이라고 말해서는 안 됩니다. (8.10.24)

11. 뒤에서 부르는 헛된 소리와 앞에서 초대하는 절제

어거스틴은 정욕의 쇠사슬에서 벗어나려는 순간, 습관화된 악이 이전에 경험하지 못한 강한 힘으로 자신을 지배하고 있음을 깨달았다.

1) 결단을 미루는 우유부단한 마음의 중간상태와 만남

"내가 오랫동안 애착심을 가지고 대해 왔던 헛되고 헛되며 어리석기 짝이 없는 일들이 아직도 나를 꼭 붙들고 있었습니다. 그들은 나의 옷자락을 슬쩍 치면서 고요히 '당신이 우리를 정말 버리고 떠나가렵니까? 그러면 이제부터 우리는 당신과 영원히 함께 있을 수 없단 말입니까? … 라고 속삭였습니다." …"이때 습관의 폭력은 나에게 말하기를 '네 생각에는 그것들이 없어도 네가 살 수 있을 것 같으냐? 하는 것이었습니다."(8.11.26)

2) 해결책 : 순결한 절제

어거스틴은 진리를 인식했으나, 존재는 불안하고 의지는 무력했다. 이때 그를 마음의 회심으로 이끈 것은 성경 말씀과 절제의 부름이다.

> "거기에서 나는 순결한 절제의 존엄성을 보았기 때문입니다.… 너는 이 젊은 남녀들이 하는 일을 할 수 없다는 말이냐? 네 생각에는 이 사람들이 이런 일을 주님의 도움으로 하지 않고 자기들의 힘으로만 하는 것 같으냐? 그들의 하나님이신 주님께서 나를 그들에게 선물로 주신 것이다. … 두려워 말라, 그가 너를 붙들어 넘어지지 않게 하시리라. 두려워 말고 너를 그에게 용감히 맡겨라, 그가 너를 영접하여 온전하게 하시리라."(8.11.27)

> "불결한 네 몸의 지체가 말하는 소리를 듣지 말아라. 네 몸의 지체를 쳐 복종케 하여라. 그들이 너에게 말한 쾌락이란 너의 주 하나님의 법도에 어긋난 것이다."(8.11.27)

절제(여인)의 부름은 첫째, 순결한 삶으로의 초대, 둘째, 하나님의 선행은총(先行恩寵), 셋째, 교회의 부름으로 해석될 수 있다. 절제는 사람의 능력이 아니라 하나님의 선물이다.

"하나님이 절제를 주시지 않으시면 아무도 절제할 수 없다는 것을 나는 알고 있습니다. 그러므로 그것이 누구로부터 온 선물인지 알게 된 것 자체도 하나님의 지혜입니다."(지혜서 8:21). "바로 이 절제로 인하여 잡다하게 분산된 우리 자신들은 거두어 보아져서 본래의 하나로 돌아오게 됩니다."(10.29.40)

12. 어거스틴의 회심: 무화과나무 밑에서

무화과나무는 성경에서 수치를 가림(창3:7), 열매 없는 이스라엘의 영적 상태(마21:19), 그리고 주님의 시선 아래 있는 자(요1:48)를 상징한다. 어거스틴은 정욕과 교만의 수치를 숨기지 않고 하나님의 은혜로 덮어 주시길 구했다. 지적 호기심과 쾌락에 빠져 열매 없이 살았으나 이제 성령의 열매 맺는 삶을 원했고, 항상 자신을 바라보신 주님의 부르심에 응답했다.

1) 어거스틴의 회심 사건

386년 8월 초순, 32세에 어거스틴은 회심했다. 사도 바울처럼 한 순간의 갑작스러운 회심이 있지만 어거스틴은 긴 내적 갈등과 탐색 끝에 점진적 회심을 경험했다.

외적으로는 "톨레 레게"(집어 읽으라)는 음성이 있었고, 내적으로는 성령이 역사하셨다. 로마서 13장 13~14절이 그의 점진적 회심을 완성했다. 그는 방탕·술 취함·음란·호색·쟁투·시기를 끊고, 주 예수 그리스도로 옷 입어 정욕에 따라 육신의 일을 따르지 않게 되었다.

"이제 당신은 나를 당신에게로 전향(ad te)하게 하셨으니 나는 아내나 세상의 어떤 다른 희망도 찾지 않기로 결심하였습니다. 나는 오래전에 당신은 나에 대하여 꿈으로 어머니에게 보여주셨던 그 '신앙의 규범'(regula fidei)[2] 위에 굳건히 서 있었던 것입니다."(8.12.30)

2) 신앙 공동체

회심한 어거스틴은 곧바로 알리피우스를 찾아가 자신의 체험을 나누고, 자신이 읽은 성경 구절을 보여주었다. 알리피우스는 그 다음 구절인 "믿음이 연약한 자를 너희가 받되 그의 의견을 비판하지 말라"(롬 14:1)를 읽고, 그것이 자신에게 주어진 말씀이라고 받아들였다. 어거스틴이 어머니에게 회심 소식을 전하자, 어머니는 기쁨에 겨워 춤을 추며 하나님께 감사했다. 어거스틴은 "나는 아내나 세상의 어떤 다른 희망도 찾지 않기로 결심했습니다"(8.12.30)라고 고백했다.

회심한 그리스도인은 반드시 신앙 공동체 안에 머물러야 하며, 하나님은 각 사람에게 맞는 말씀을 주시기에, 자신의 체험을 보편적 기준으로 삼아서는 안 된다.

---

2) 3.11.19 어머니의 꿈

제9권
어거스틴의 세례와 모니카의 죽음

『고백록』9권은 어거스틴의 회심 이후 삶을 중심으로 서술된다. 어거스틴은 교수직을 사임한 후 카시아쿰 별장에서 신앙 공동체와 더불어 철학적 사유와 신학적 성찰을 나누며 생활하다가, 밀라노로 돌아와 알리피우스, 아들 아데오다투스와 함께 주교 암브로시우스로부터 세례를 받는다. 이후 오스티아에서 어머니 모니카와 함께 영원에 대한 관상적 체험을 나누고, 모니카의 죽음과 장례 과정을 회고하며 본 권을 마무리한다.

신학적 주제: 신앙공동체, 세례, 관상적 삶, 그리스도인의 죽음, 속죄론

1. 죄의 쇠사슬에서 해방된 영혼

어거스틴은 노예 의지의 쇠사슬에서 풀어주신 하나님께 감사와 찬양을 돌린다.

"당신의 오른손을 내 죽음의 심연에 펴시어 내 심장의 밑바닥에 있는 깊은 부패의 늪을 마르게 하여 주셨습니다. … 오 나의 도움이 되시고 나의 구원이 되시는 예수 그리스도여 내 자유의지가 순간적으로 호출되어 나오게 된 그 깊고 은밀한 곳은 어디입니까?"

"이렇게 된 것도 참되시고 가장 좋으신 당신께서 그것들을 내 안에서 쫓아내 주시고 그 자리에 친히 들어와 계셨기 때문입니다."(9.1.1)

어거스틴에 따르면 영혼이 죄의 사슬에서 해방되는 방법은 두 가지다. 첫째, 하나님의 사랑이 마음에 부어져(롬 5:5) 정욕의 늪이 마르면서, 갇혀 있던 자유의지가 회복된다. 둘째, 하나님이 죄의 사슬을 제거하고 내 안에 거하심으로써, 영혼이 새롭게 된다. 이를 통해 어거스틴은 하나님의 은혜가 육체의 욕망보다 더 강함을 확신하게 되었다.

4. 카씨키아쿰의 여가와 대화편

어거스틴은 회심 후 공직에서 물러나 심신을 회복하고 철학적 사색과 토론의 삶을 추구했다. 밀라노 근교 베레쿤두스의 별장에서 가족과 친구들과 함께 약 6개월간 '자유로운 여가(otium liberale)'를 보냈다(386년 10월 말~387년 4월 초).

이 모임에는 어머니 모니카, 동생 나비기우스, 아들 아데오다투스, 친구 알리피우스, 리켄티우스, 트리게티우스, 라르티아누스, 루스티쿠스 등이 참여했다. 이들은 전문 철학자는 아니었지만, 어거스틴은 그들과 함께 행복과 진리를 탐구하는 대화를 나누었다. 그에게 지성의 훈련은 단순한 이론 지식이 아니라, 삶의 의미와 행복을 찾는 여정이었다.

이 여가의 결실로, 그는 세례받기 전에 네 편의 대화체 저작을 남겼다.

『아카데미 학파의 반박』: 회의론을 반박하며, 진리 인식은 행복에 이르기 위한 것임을 밝힌다.

『행복론』: 참된 행복은 그리스도를 통해 하나님을 소유하는 데 있음을 말한다.

『질서론』: 행복의 조건은 하나님을 사랑하는 것임을 강조한다.

『독백론』: 하나님을 소유함은 단순한 인식이 아니라 의지로 사랑하는 것임을 드러낸다.

"당신이 막대기로 내 마음을 찔러 길들여 주셨던 일, 당신이 내 생각의 높은 산과 언덕을 낮추어 평평하게 하셨던 일, 당신이 나의 굽을 길을 곧게 하시고 나의 험한 길을 평탄케 하셨던 일을 당신께 고백하니 내 마음이 흐뭇합니다. 나는 또한 당신이 내 마음의 형제인 알리피우스를 당신의 독생자이신 우리 구주 예수 그리스도의 이름에 복종케 하신 것을 기억하고 감사를 드립니다."(9.4.7)

어거스틴은 카씨키아쿰에서 많은 유익을 얻었다. 하나님은 그의 성적 욕망을 다스리게 하시고, 지식의 교만을 꺾으셨으며, 세속적 성공에 대한 집착을 버리게 하셨다. 그는 친구 알리피우스가 회심한 것을 기뻐했고, 시편을 찬양하며 깊이 묵상했다.

6. 어거스틴의 세례

1) 세례

어거스틴은 387년 4월 24일(또는 25일) 부활절 전야에 제자 알리피우스, 아들 아데오다투스와 함께 암브로시우스 감독에게 세례를 받았다. 아데오다투스는 390년 18세의 나이로 세상을 떠났고, 그와의 대화는 『교사론』에 기록되었다. 어거스틴은 아들의 삶에 대한 염려가 사라졌고, 함께 세례를 받음으로 과거의 죄에 대한 불안도 사라졌다고 고백한다.

> "당신은 일찍이 그의 생명을 이 땅에서 데려가셨습니다. 그러기에 이제 나는 그의 소년기나 청년기나 전 생애에 대하여 염려할 필요가 없어 아무 불안감 없이 그를 회상하고 있습니다. … 그리하여 같이 세례를 받고 나니 과거의 그릇된 생활에 대한 우리의 불안이 전부 사라졌습니다."(9.6.14)

2) 어거스틴의 교회론

어거스틴의 생애(354~430) 동안 알렉산드리아에서는 아리우스 논쟁, 카르타고에서는 도나투스 논쟁이 있었다. 니케아-콘스탄티노플 신조(381)는 삼위일체론과 보편 교회론을 확립했다. 디오클레티아누스 황제의 박해(284~305)가 끝난 뒤 교회 재건기에 도나투스파는 배교한 성직자의 성례를 무효라 주장하며 교회를 분열시켰고, 일부는 폭력과 암살 시도까지 벌였다. 어거스틴은 이들과 논쟁하며(403~412) 『고백록』을 집필했고, 그 안에 교회의 거룩성, 세례의 본질, 교회와 국가의 관계에 대한 신학을 담겼다.

(1) 교회의 거룩성

	도나투스파	어거스틴
거룩성	교인의 거룩성에 의존 도나투스파 교회 안에만 구원 경험적 거룩성 강조	하나님의 거룩성에 의존 교회 안에 알곡과 가라지가 공존
현실성	완전한 교회 지향 테러단체 조직 교회분열 초래	성화를 향해 전진하는 교회 늘 개혁되는 교회 교회의 표지는 성례와 말씀

(2) 세례에 대하여

도나투스파는 타락한 감독이 집전한 성례의 무효를 주장하고 재세례를 시행했다. 이는 주관적 효과성(*ex opere operantis*, 인효론)을 강조하는 입장이었다. 반면 어거스틴은 성례의 주체가 그리스도이므로 효력은 집례자의 거룩성과 무관하다고 보았다. 이는 후에 로마가톨릭의 객관적 타당성(*ex opere operato*, 사효론)의 기초가 되었다. 그러나 그는 성례가 자동으로 구원의 열매를 맺는다고 보지 않고, 수혜자의 믿음과 사랑이 결합될 때 비로소 효과가 나타난다고 가르쳤다. 따라서 어거스틴은 사효론과 인효론 중 한쪽만을 취하지 않고 둘을 포괄적으로 이해했다.[1]

(3) 교회와 국가의 관계

도나투스파는 국가를 불신하며 교회를 순결한 공동체로 고립시키고 폭력으로 이를 수호했다. 어거스틴은 처음에는 설득과 교육으로 화해를 시도했으나, 국가를 정의를 지키고 악을 억제하는 하나님의 도구로 보며 교회의 일치를 위해 강제력이 필요할 수 있다고 인정했다. 그는 410년 도나투스파 진압령에 서명하며 훗날 정당 전쟁론의 사상적 기초를 놓았다. 그러나 그의 접근은 북아프리카 지역교회의 사회·문화적 특수성을 충분히 고려하지 못했고, 도나투스파의 순결한 교회 이상과 지역적 저항 의식을 단순한 분열로만 보았다는 한계가 있었다.

7. 찬송의 유래

어거스틴이 세례받기 직전인 385~386년, 소년 황제 발렌티니아누스의 섭정이자 아리우스파였던 유스티나는 정통파 암브로시우스 감독을 박해하며 교회를 빼앗으려 했다. 이에 모니카를 포함한 밀라노

---

1) 인효론(ex opere operantis), 사효론(ex opere operato)이라는 표현은 어거스틴 시대 이후에 사용된 용어들이다.

의 경건한 교인들은 교회를 지키기 위해 철야기도에 나섰다. 암브로시우스는 찬송과 시편으로 신자들을 위로하며 슬픔과 지루함을 극복하도록 격려했는데, 이는 교회에서 찬송이 활발히 사용되는 계기가 되어 서양 음악사에도 중요한 전환점이 되었다.

어거스틴은 정통 신앙을 지킨 암브로시우스와 이를 부정한 이단 아리우스를, 경건한 모니카와 이단을 옹호한 유스티나를 대조하고 있다. 또한 정치에 무관심했던 소년 황제 발렌티니아누스 2세와 회심 이전 신앙에 무관심했던 자신의 모습을 나란히 배치하며 문학적 대조를 이룬다.

10. 오스티아의 신비체험(제3차 영적 체험)

1) 세 번째의 정원

회심과 세례 이후 어거스틴의 가족은 아프리카로 돌아가기 전, 오스티아(Ostia)의 정원에서 휴식하며 배를 기다렸다. 이 정원은 『고백록』에 등장하는 세 번째 정원으로, 참된 하나님과의 만남이 전통적 신앙공동체 안에 있음을 상징한다.

회심 이전의 정원 (2,4,9)	회심의 정원 (8,8,19)	회심 이후의 정원 (9,10,23)
배나무와 도둑질	무화과나무와 회심	신비체험
abs te	ad te	in te

2) 어거스틴의 인식론과 영적 체험의 구조

모니카와 어거스틴은 미래에 있을 성자들의 영생에 대해 대화를 하며 함께 신비체험을 했다. 어거스틴은 『고백록』 7권에서 지적 신비체험을 두 번 설명했고, 『고백론』 9권에서 마음의 신비체험을 했는데 그 공통점과 차이점을 비교하면 아래의 도표와 같다.

어거스틴의 신비체험 구조 비교

구조	7권 10.16 (1차)	7권 17.23 (2차)	9권 10.24 (3차)
① 창조세계에서 출발 후 상승 (감각 작용)	밀라노, 개인적 체험	밀라노, 개인적 체험	오스티아, 공동체적 체험
	신플라톤주의 책을 통해	감각세계→영혼→ 혼의 내적 지각	마음 속 사랑→ 여러 계층의 사물 통과 상승→
② 감각에서 내면세계로 진입	영혼 안으로 들어감	이성적 사색력→ 정화→빛	마음→초월
③ 마음을 초월하여 상승	정신(영혼의 눈) 위에 있는 불변하는 빛을 봄	정신 위에 있는 진리	지혜(영원한 존재)
④ 진리와 순간적 접촉	"진리는 피조물을 통해 분명히 알게 되었으니"	이성 "눈 깜짝할 순간" 존재에 도달 "창조된 것"통해 앎	지혜와 순간적 접촉 (직접적 신비체험)
⑤ 일상으로 복귀	일상으로 복귀	일상으로 복귀	인간 언어로 복귀

밀라노와 오스티아의 신비체험은 감각세계에서 출발하여 마음으로 들어가고, 마음을 초월해 순간적으로 진리를 체험하지만, 지속적으로 하나님을 향유하지는 못한다는 공통점이 있다. 그러나 둘 사이에 차이가 있다.

첫째, 밀라노는 지성적 어거스틴의 개인 체험이었으나, 오스티아는 지성 훈련이 없는 모니카와 함께한 세례 공동체적 체험이었다.

둘째, 밀라노는 플라톤주의와 기독교 신앙이 결합된 이성적 신직관이었으나 오스티아는 처음부터 마음의 신비체험이었다.

셋째, 밀라노는 불변하는 진리를 추구했으나, 오스티아는 종말의 즐거움을 미리 맛보았다.

넷째. 밀라노는 순간적 깨달음에 그쳤지만, 오스티아는 영혼과 지혜의 직접적 접촉이 가능했다.[2]

11~12. 모니카의 장례와 어거스틴의 애도

오스티아의 신비체험 이후 모니카는 "이제 세상에서 할 일이 없다"고 말했고, 5일 뒤 열병에 걸린 후 9일 만에 세상을 떠났다. 그녀는 아들을 세례로 다시 태어나게 했고, 아들과 함께 미래의 영생을 미리 맛보았다. 모니카는 "하나님이 세상 끝 날에 나를 부활시킬 장소를 모르실까 두려워할 필요가 없다"(9.11.28)라고 부활 신앙을 고백하며 자신이 있는 곳에 묻어 달라고 했다.

어거스틴은 영생을 믿었기에 어머니의 장례에서 눈물을 그쳤고, 그리스도인은 장례를 지나친 슬픔으로 치르는 것이 합당치 않다고 보았다. 『고백록』 4권에서 친구가 죽었을 때 그는 죽음을 두려워했지만, 어머니와의 이별에서는 영생의 희망이 강했다. 친구의 죽음은 장소의 변화, 시간의 흐름, 친구들의 위로로 극복했으나, 어머니의 죽음은 영생의 소망과 하나님께 드린 찬송과 기도로 극복했다.

---

[2] 선한용, 『성 어거스틴의 고백록 해설』(서울: 대한기독교서회, 2019), 364-366

13. 어거스틴의 속죄론

1) 전통적 속죄론

속전설(Redemption Theory)

오리겐·이레네우스·그레고리가 주장한 고대 교회의 속죄론이다. 아담의 타락으로 인류는 사탄의 권세 아래 놓였고, 하나님은 사탄에게 예수 그리스도의 희생을 몸값(ransom)으로 지불하여 인류를 속량했다고 본다. 이 이론은 이원론적 세계관을 배경으로 발전했으나, 하나님이 사탄에게 몸값을 지불할 이유가 없다고 비판을 받는다.

보상 만족설(Satisfaction Theory)

중세 안셀무스가 주장한 이론으로, 창조의 목적은 인간의 행복이었으나 아담의 불순종으로 인간은 하나님께 영원한 빚을 지게 되었다고 본다. 참 하나님이며 참 인간인 예수 그리스도만이 대속적 희생으로 하나님의 사랑과 공의를 동시에 만족시킬 수 있었다. 그러나 이 이론은 속죄를 객관적 사건으로만 보고, 개인의 주관적 변화를 충분히 다루지 못한다는 한계를 가진다.

도덕 감화설(Moral Influence Theory)

중세 피터 아벨라르가 보상만족설의 객관주의를 비판하며 제시했다. 예수 그리스도의 십자가는 하나님의 지극한 사랑을 드러내는 사건이며, 그 사랑에 감동한 인간이 도덕적 변화를 통해 하나님께 돌아온다고 본다. 그러나 이 이론은 죄의 심각성과 하나님의 공의를 충분히 다루지 못하고, 내면적·윤리적 변화만 강조한다는 비판을 받는다.

2) 어거스틴의 속죄론

> "그 희생을 통하여 우리의 원수가 패배당한 것을 어머니는 알고 계셨기 때문입니다. 그 원수는 우리의 잘못을 계산하여 우리를 책잡으려고 했으나—우리 대신 희생제물로 바쳐진—그분 안에서는 아무 잘못을 찾을 수 없었으므로 우리는 그를 통해 원수를 이기게 된 것입니다."

> "오히려 어머니는 대답하기를 우리에게 빚진 것이 하나도 없으시나 자신을 내줌으로써 우리의 빚을 갚아주신 그리스도에 의하여 자기의 죄가 용서함을 받았다고 할 것입니다."(9.13.36)

어거스틴은 속전설의 관점을 사용하면서도, "우리의 빚을 갚아주신 그리스도"라고 표현하며 보상만족설에 가까운 면모도 보인다. 그리스도의 속전 대상이 사탄이라면 이는 고대 교부들의 속전설, 하나님이라면 안셀무스의 보상만족설에 가깝다. 이처럼 어거스틴의 기독론과 속죄론은 고대와 중세를 잇는 중간 단계로서, 그가 마니교의 이원론을 극복하고 하나님의 주권과 은혜 중심 신학으로 나아갔기에 가능한 발전이었다.

제10권
기억의 신비

『고백록』10권은 기억의 능력을 탐구하며, 기억을 통해 영혼이 하나님을 향해 상승하는 여정을 묘사한다. 앞선 생애 서술(1~9권)에서 벗어나, 현재의 감독으로서 어거스틴은 세 가지 유혹과 싸우며 성화의 길을 걷고 있음을 고백한다. 또한 중보자 그리스도를 통해 무지의 병이 치유되었음을 밝힌다.

신학적 주제: 기억에 대한 신학적 탐구, 내면을 통한 초월, 자기 인식과 하나님 인식의 연결, 은혜 중심의 인간 이해

모니카의 죽음(387)과 고백록 집필 시기(397~400) 사이에는 10년 이상의 간격이 있으며, 내용도 생애 서술에서 신학적 성찰로 전환된다. 그러나 『고백록』 전체는 '고백'이라는 주제의 연속성과 과거-현재-미래를 포괄하는 시간적 흐름 안에 있다. 10~12권은 기억의 구조, 시간의 본질, 창조 해석을 통해 하나님을 찾는 영혼의 조건을 깊이 탐구한다.

1~2. 하나님 안에 있는 인간의 희망과 즐거움

"나의 아시는 주님, 나로 하여금 당신을 알게 하소서. 당신이 나를 아시는 것 같이 나로 하여금 당신을 알게 하소서(고전 13:12) 내 혼의 힘이 되시는 주님, 내 혼 안에 들어오셔서 그것을 당신의 뜻에 맞게 만들어주소서."(10.1.1)

"이 진리를 내가 고백할 때 당신 앞에서는 내 마음으로, 내 책을 읽게 될 많은 중인들 앞에서는 이 글로 하고자 합니다."

『고백록』 1권과 10권은 기도로 시작된다. 1권에서는 하나님 안에서 안식을, 10권에서는 하나님을 알고자 하는 열망을 구한다. 첫 인용문은 하나님을 아는 것은 지식이 아니라 존재가 변화되는 만남을 의미한다. 구원은 지성을 통해 시작되지만, 은총으로 의지가 변화될 때 완성된다.

1~9권은 공적 고백이지만, 10권은 내면의 죄를 하나님께 사적으로 고백하며 하나님으로부터 자신을 숨기지 않으려 한다.

3~5. 고백의 효력과 목적

어거스틴은 죄를 고백하지 않고 호기심만 가진 사람들 앞에서는 고백하기를 꺼린다. 그는 고백은 사랑의 공동체 안에서만 참된 효력을 가진다고 본다.

> "자기 자신에 대하여 하신 당신의 말씀을 듣는다는 것은 곧 자기 자신을 아는 것이 되기 때문입니다. … 사랑의 줄로 하나가 된 사람들 사이에서는 사랑은 모든 것을 믿기 때문에(고전13:7) 나는 그 사람들 앞에서 큰소리로 당신께 고백을 합니다."(10.3.3)

어거스틴은 과거의 죄를 고백함으로 불신자를 회심시키고 신자에게 기쁨을 주려 했다. 그러나 사람들은 그의 현재 상태를 더 알고 싶어 했다. 그는 현재의 죄를 고백함으로 공동체가 함께 기뻐하고, 신앙적으로 퇴보할 때는 중보기도로 돕기를 원했다.

6~7. 하나님의 존재와 그 인식

1) 하나님을 사랑한다는 것

어거스틴이 하나님을 사랑하게 된 것은 "말씀이 내 마음을 관통한 때부터"(10.6.8)였고, 이후 모든 피조물이 하나님을 사랑해야 한다고 말하는 소리를 듣게 되면서였다.

> "당신은 내 안에서 영혼에게 어떤 공간에 의해 제약을 받지 않는 빛을 비추시고, 시간이 나에게서 빼앗아 가지 못하는 소리를 발하시며, 바람이 불어 흩어버리지 못하는 향기를 풍기시고, 먹어도 없어지지 않는 음식을 공급하시며, 충족해도 떨어지지 않는 포옹을 해주십니다. 내가 나의 하나님을 사랑한다

고 할 때 이것들을 사랑하는 것입니다."(10.6.8)

어거스틴은 자연을 하나님의 본성을 드러내는 상징으로 이해했으며, 그럴 때 하나님 사랑과 피조물 사랑은 분리되지 않는다고 보았다.

2) 하나님을 발견하는 장소

어거스틴이 피조물에게 하나님의 존재를 묻자, 그들은 자신이 하나님에 의해 창조되었음을 증언했다. 이어 그는 "나는 누구인가?"를 자문하며, 감각을 넘어 사유로, 사유를 넘어 기억으로, 기억을 넘어 하나님과의 연합으로 나아가는 영혼의 여정을 시작했다.

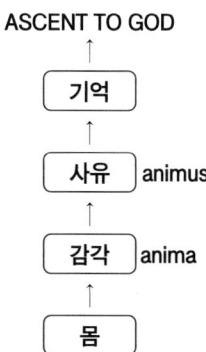

8. 기억의 창고

어거스틴은 기억의 창고를 감각적 기억(8~9장), 지성적 기억(10~13장), 감정의 기억(14장), 영상 없는 기억(15장), 망각의 기억(16~19장)으로 분류했다. 이 기억들은 단절되어 있는 듯하지만, 하나의 일관된 패턴 속에 구성되어 있었다.

> "어떤 것은 곧바로 나오고, 어떤 것은 깊숙한 구석에서 찾아 끄집어내듯 한참 찾은 후에야 나옵니다. 또 어떤 것들은 무더기로 함께 나와서 우리가 찾는 것이 다른 것이라고 할 때는 '혹시 당신이 찾는 것이 우리가 아니냐? 라고 말하듯 앞으로 튀어나오기도 합니다. 그럴 때 나는 내가 원하는 것이 기억의 은밀한 구석에서 나타날 때까지 내 마음의 손으로 그들을 쫓아버리는 것입니다."(10.8.12)

기억은 능동성, 난이도와 다양성, 질서와 선형성을 보이며 드러났다. 어거스틴은 기억의 특징을 다음과 같이 설명한다.(10.13~15)

> 오감을 통해 들어온 지각된 사물의 영상은 각기 종류에 따라 저장된다.
> 이 영상들은 내면의 밀실에서 불러내어 재구성할 수 있으며, 이를 바탕으로 미래를 추론한다.
> 기억은 너무 크고 끝이 없는 내면의 방과 같다.
> 기억은 나 자신 전체를 포괄하지 못하는 유한성을 지닌다.

10. 학습과 기억

기억 안에는 논리, 문학, 수사학 등 학문적 지식이 저장되는데, 이것들은 영상이 아니라 본질 자체가 저장된다. 이러한 이성적 지식이 어떻게 마음에 들어왔는지는 알 수 없다.

> "그것들은 내가 배워 알게 되기 이전에서도 이미 내 마음 어디에 있었다는 것입니다. 다만 그것들이 내가 배우기 전에는 기억에 나타나지 않은 것 뿐입니다."(10.10.17)

11. 배운다는 것은 상기하는 것

감각의 영상 없이 우리 마음에 들어온 학문은 완전하게 기억된 것이 아니다. 학습한다는 것은 이미 있었으나 흩어진 것을 거두어 모으는 것이다.(10.11.18) 어거스틴은 "사고하다"(*cogito*)가 "거두어 모은다"(*cogo*)에서 유래되었다고 강조한다. 흩어짐은 망각과 연결되며, 흩어진 것을 다시 모으는 과정은 분열된 영혼이 다시 통합되는 과정과 유사하다.

12~13. 수학과 기억, 기억을 기억하는 것

수학적 원리와 법칙은 영상이나 소리와 무관하며, 다른 언어로 표현되어도 동일하다. 이런 진리는 이성적 직관으로 파악된다. 어거스틴은 수학적 원리를 아는 것과 그것을 토대로 논박한 기억을 구분한다. 후자는 원리를 기억하는 것이 아니라, 그것을 기억했다는 사실을 기억하는 것이다.

14. 기쁨과 슬픔에 대한 기억

기억에는 감정도 저장된다. 과거의 아픔을 떠올리면서도 현재는 기쁠 수 있다. 어거스틴은 감정과 개념을 구별하여, 감정을 직접 느끼지 않고도 그것에 대해 말할 수 있다고 설명했다.

> "기억이란 마음의 위장과 같고 기쁘고 슬픈 경험은 달고 쓴 음식과 같다고 보는 것이 좋을 듯합니다. 기쁘고 슬픈 경험이 기억 안으로 한번 들어가면 위장에 들어가 있는 음식처럼 그곳에 간직되지만 그 맛을 볼 수 없는 것과 같습니다." (10.14.21)

15. 현존하지 않는 것에 대한 기억

기억 속 영상은 실재와 개념을 잇는 매개로, 설명을 하는데 필요하다. 그러나 어거스틴은 영상 없이 인식되는 기억을 세 가지로 말한다. 첫째, 수는 영상이 아닌 수 자체로 인식된다. 둘째, 기억 속 영상은 다른 영상 없이 직접 인식된다. 셋째, '기억'은 영상 없이 기억 자체에서 나온다.

16~19. 망각의 문제와 기억을 초월하기

어거스틴은 기억이 망각까지 포괄하고, 망각을 기억할 수 있음을 논증했다. 사람이 "망각"을 말할 때 그것을 이해하는 이유는 기억 속에 망각의 영상이 있기 때문이다.

> "그래서 내가 기억을 기억할 때, 기억은 자기 자신을 통해 자기 자신에게 현존한다. 그러나 내가 망각을 기억할 때는, 기억과 망각이 모두 함께 현존한다. 기억은 내가 기억할 수 있는 수단이고, 망각은 내가 기억한 대상이다."(10.16.24)

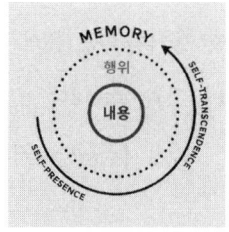 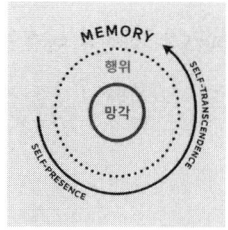

기억을 기억할 때 기억 내용을 기억하는 행위가 발생하고, 그 둘은 하나로 통합되면서 기억으로 현존한다. 이 변증법적 과정에서 현존과 부재가 일어난다. 망각을 기억할 때 대상인 망각과 수단인 기억이 함께 현존한다. 망각은 기억 속에서 내용이 떠오르지 않는 상태이며, 완전한 망실이 아니다. 그래서 어거스틴은 망각이 잊게 만들지만 완전한 망실을 막는 기능도 있다고 보았다. 망각 자체가 기억 안에 있는 것이라면 우리는 아무것도 기억하지 못하게 된다. 따라서 기억 안에는 망각의 영상이 있다고 추론된다.

어거스틴이 기억과 망각을 분석한 이유는 신학적이다. 기억을 기억하는 행위는 기억의 자기 초월이다. 어거스틴은 이러한 기억의 초월 구조를 하나님을 찾는 중요한 구조로 확신했다. 신학적으로 하나님은 기억 안에 현존하시면서 부재하시고, 내재하시면서 초월하신다.

> "나는 내 기억을 초월하여 올라가 당신을 찾고자 합니다. … 그런데 내가 당신을 기억하고 있지 않다면 어떻게 당신을 찾을 수 있겠습니까?"(10.17.26)

어거스틴은 아담 안에서 하나님을 향한 지향이 있었으나 하나님을 망각한 사실을 기억함으로 하나님을 기억한다고 말했다. 보이지 않는 것을 찾을 수 있는 것은 기억 속 마음의 영상 덕분이다. 마찬가지로 하나님을 찾는다는 것은 이미 기억 안에 하나님의 흔적이 있다는 뜻이며, 하나님에 대한 물음은 그 존재를 전제로 한다. 이러한 기억과 망각에 대한 분석은 이어지는 행복론을 설명하는 배경이 된다.

20-23. 어거스틴의 행복론

어거스틴 사상의 궁극적 목적은 행복이다. 하나님을 찾는 것은 곧 행복을 찾는 것이며, 이는 영혼이 살기 위한 길이다. 모든 인간은 행복을 망각했지만, 망각 속에 남아 있는 기억의 흔적을 통해 보편적으로 행복을 추구한다.

> "행복에 대한 지식이 기억에 있다면 우리가 한때 행복했던 것이 사실입니다. … 우리가 그것을 먼저 알고 있지 않았다면 그것을 사랑하게 될 수도 없기 때문입니다."(10.20.29)

어거스틴은 우리 영혼이 언제, 어떻게 행복을 경험했는지에 대해서는 큰 관심을 두지 않는다. 하나님과 영혼의 관계는 시간적인 것이 아니라 존재론적이기 때문에 행복은 언제나 기억 속에 '현재적'으로 존재한다.

모든 사람이 행복을 추구하는 세 가지 근거는 다음과 같다. 행복이 무엇인지 알고 있고, 행복을 소유하고자 하며, 행복이 기억 안에 보존되어 있다.

어거스틴은 세상이 주는 기쁨을 참된 행복으로 보지 않는다.

> "참 행복이란 당신으로부터 오는, 당신을 향한, 그리고 당신을 위한 기쁨입니다."(10.22.32)

> "참 행복이란 진리이신 당신 안에서 기뻐하는 것이기 때문입니다."(10.23.33)

신플라톤주의는 행복을 지성의 직관을 통해 도달하는 것으로 보았지만, 어거스틴은 그것을 의지의 방향성에 달린 문제로 보았다. 모든 인간은 본성상 행복을 원하지만, 타락 이후 진리는 기억 속에서 희미해졌고, 인간은 진리 대신 피조물을 사랑하게 되었다. 그 결과 참된 기쁨을 상실했다.

어거스틴에 따르면, 잊혀졌던 행복을 다시 기억하게 하는 것은 그리스도의 조명이다. 인간은 하나님의 조명을 통해 기억 속에 내재된 진리, 곧 행복을 현재적으로 인식하고 향유할 수 있다.

"당신께서는 참다운 기쁨으로 불경건한 사람들에게는 주시지 않고 당신만을 목적으로 예배하는 자들에게만 주십니다."(10.22.32)

"내가 당신을 섬기고 예배함은 당신이 그것을 필요로 해서가 아닙니다. 당신을 섬기고 예배함은 당신으로 말미암아 내가 행복하게 되기 위함입니다."(13.1.1.)

24. 진리 자체이신 하나님

어거스틴은 세 단계로 하나님을 알았다. 첫째, 하나님을 망각했다는 사실을 기억하는 방식으로 하나님을 알게 된다. 이것은 하나님의 형상 안에 있는 선험적인 측면이다. 둘째 어린 시절의 종교 교육을 통해 기억 속에 간직된 하나님을 찾았다. 셋째는 신비체험과 회심으로 내면적이고 직접적인 체험을 했다.

이 부분은 어거스틴이 기억을 탐구하여 저장된 하나님 지식을 발견한 내용이다.

> 하나님을 처음 안 순간부터 그 지식은 기억에 보존된다.
> 하나님을 알게 된 이후로 한 번도 잊지 않았다.
> 진리를 발견할 때마다 하나님을 발견한다.
> 하나님을 알게 된 이후로 하나님은 기억 속에 거하시며, 마음
> 에 떠올릴 때 그곳에서 하나님을 만난다.

하나님을 아는 것은 단순한 상기나 교육이 아니라 조명이 필요하다. 기억은 하나님의 내재성에 이르게 하고, 조명은 하나님의 초월성에 이르게 한다.

25-26. 무소부재하신 하나님

어거스틴은 기억 속 특정 장소에서 하나님을 찾았다. 물질의 영상, 감정의 기억, 그리고 마음의 자리까지 들어갔지만, 하나님을 발견하지 못했다. 그는 초월하신 하나님은 우리를 위해 기억 안에 머물러 주신다는 것을 깨닫는다. 그리고 결국 하나님을 찾기 위해 기억을 초월해야 한다고 말한다.

> "모든 것을 초월하시는 당신은, 내가 당신을 알게 된 때부터
> 내 기억 안에 거하시기로 택하셨습니다."… "내 위에 계신 당
> 신 안에서만, 나는 당신을 찾을 수밖에 없습니다."(10.25.36)

어거스틴은 하나님의 내재성과 초월성의 경계를 넘어서 하나님의 편재성을 자각하게 된다.

27. 당신을 나는 너무 늦게 사랑했습니다.

어거스틴은 7~9권에서 지적 회심, 영적 회심, 오스티아의 신비체험을 통해 하나님의 초월적 측면을 강조했다. 그리고 10권에 이르러서 기억의 본성(8~19장), 행복한 삶의 희미한 회상(20~23장), 하나님의 내재적 측면의 기억(24~25장)으로 하나님의 내재적 측면을 설명했다. 그리고 마음을 초월한 하나님(26장)과 만났다.

> "그렇게도 오래되셨지만, 그렇게도 새로운 아름다움이 되시는 당신을 나는 너무 늦게 사랑했습니다. 보시옵소서. 당신은 내 안에 계셨건만 나는 나 밖에 나와서 당신을 찾았습니다."(10.27.38)

> "그대로 당신은 부르시고 소리 질러 귀머거리가 된 내 귀를 열어주셨습니다. 또한 당신은 당신의 빛을 나에게 번쩍 비추어 내 눈의 어둠을 쫓아버렸습니다."(10.27.38)

하나님의 조명과 직접적 음성은 망각을 극복하게 한다. 어거스틴은 초월적 경험과 내재적 경험이 항구적이 되도록 하기 위해, 하나님과의 지적·의지적 관계를 강조하게 된다.

28-29. 인생의 삶과 하나님의 자비

어거스틴은 많은 영적 체험을 한 감독이지만, 여전히 하나님의 자비와 정결케 하시는 능력에 전적으로 의지해야 하는 회복 중인 자임을 교회 공동체 앞에서 고백했다.

> "당신이 명하시는 것을 행할 수 있도록 해주시고, 당신이 원하는 것을 명하소서(*da quod iubus et quod vis*)"(10.29.40).

『고백록』 10권에서 네 차례 등장하는[1] 이 표현은 어거스틴과 펠라기우스의 "노예의지와 자유의지 논쟁"을 일으키는 계기가 되었다. 하나님이 명령하시는 것은 절제(*continence*)이지만, 하나님이 가능하게 하지 않으시면 누구도 실천할 수 없다. 어거스틴에게 절제는 분산된 존재의 파편을 모아 하나님과의 일치로 되돌아가게 하는 힘을 뜻한다.

30~39. 어거스틴의 영적 상태

어거스틴은 자신의 현재 영적 상태를 궁금해 하는 이들에게 자신은 여전히 유혹을 받으며 진리 안에서 투쟁하는 존재라고 밝혔다. 그는 죄를 세 가지 범주로 고백했다 육체의 정욕보다 안목의 정욕, 그리고 이생의 자랑이 더 큰 문제가 된다. 어거스틴은 몸에서 마음으로 그리고 의지로 초점을 옮기면서, 가장 심각한 문제가 의지의

---

1) 10.29.40에 2회, 10.31.45; 10.37.60

집착이라고 보았다.

	유혹의 종류	죄의 범위
육체의 정욕	촉감, 미각, 후각, 청각, 시각	몸
안목의 정욕	호기심	마음
이생의 자랑	교만, 칭찬, 허영심, 자기만족	의지

30. 육체의 정욕: 촉감의 유혹

어거스틴이 육체의 정욕을 논할 때 촉감, 미각, 후각, 청각, 시각의 오감 범주를 사용하며, 그중에서도 촉감, 특히 음행의 유혹에서 논의를 시작한다.

> "내 기억 속에는 이전의 내 나쁜 습관이 새겨 놓은 여러 가지 쾌락의 영상들이 남아 있습니다. 내가 깨어 있을 때는 이런 영상들이 밀어닥쳐도 나는 별 영향을 받지 않습니다. 그러나 몽중에는 그것들이 덮쳐와 나를 기분 좋게 할 뿐만 아니라, 나의 동의까지 얻어내어 깨어 있을 때의 행동과 흡사한 흡사하게 영향을 끼칩니다."(10.30.41)

> "더 풍성한 은혜를 베풀어 취중에서도 나를 충동시키는 이 음탕한 불을 꺼줄 수 있으십니다. … 내 영혼이 정욕의 쇠사슬에서 풀려나와 당신을 향하는 나를 따르게 하소서."(10.30.42)

어거스틴은 성적 유혹의 힘을 결코 가볍게 보지 않는다. 그는 하나님의 은혜가 꿈속 영혼의 병까지 치유하신다고 믿었다. 그가 음행을 멀리한 것은 인간의 업적이 아니라 하나님의 선물이라 고백한다.

31. 미각(식욕)의 유혹

식탐은 성욕의 문제처럼 단번에 끊어버릴 수 있는 것이 아니고 부활 때까지 계속되는 문제였다.

> "공복의 배고픔에서 포만의 만족감으로 옮겨가는 그 과정에 탐식의 올무가 기다리고 있었다.… 건강과 쾌감이 요구하는 적량이 서로 달라서 건강에 넉넉한 음식의 양이 쾌감에는 부족하기도 합니다."(10.31.44)

어거스틴은 음식에 대한 욕구 자체가 문제가 아니라, 그 욕구로 인해 주님에게서 마음이 벗어나는 것이 문제라고 보았다(10.31.47).

> "그러므로 나는 내 목구멍의 고삐를 너무 죄지도 않고 너무 늦추지도 않는 그 중간을 적절히 유지해야만 합니다."(10.31.47)

어거스틴은 그리스도인들이 일상 속에서 절제의 중용을 지키는 것이 어렵다고 인정하며, 오직 하나님의 은혜만이 그 결함을 치유할 수 있다고 고백한다.

32. 후각의 유혹

어거스틴은 냄새의 매력은 그를 크게 괴롭히지 않는다고 말하지만, 자신도 속을 수 있는 가능성이 있기에 완전히 마음을 놓을 수는 없다고 고백한다.

33. 청각의 유혹

어거스틴은 한때 청각의 즐거움에 사로잡혔으나 그 유혹에서 해방되었다. 그는 말씀을 담은 노랫소리에는 반응하되 선율에 집착하지 않으려 했으며, 노랫소리가 말씀보다 앞설 때 질서가 전도되어 무의식적 죄에 이를 수 있다고 보았다. (10.33.49) 경험의 미적 차원은 신앙적 차원보다 낮아야 한다고 여겼다.

> "마음이 약한 자들이 귀의 즐거움을 통하여 경건의 감정으로 자극을 받도록 교회 안에서 찬송을 부르는 옛 관습을 허락하는 편으로 나는 쏠리게 됩니다. 그럼에도 불구하고 내가 혹시 찬송의 가사 뜻보다는 찬송 부르는 노랫소리 자체에 의하여 감명을 더 받을 때는 슬퍼해야 할 죄를 짓고 있는 것입니다." (10.33.50)

34. 시각의 유혹

어거스틴은 시각의 유혹이 인간 경험에서 가장 강력한 경험 중 하나라고 고백한다.

> "나의 눈은 여러 가지 아름다움 형체와 밝고 부드러운 색깔을 좋아합니다. 그러나 이것들이 내 영혼을 주관하지 못하게 하소서. … 나는 때때로 노랫소리나 다른 소리가 들리지 않는 고요함 속에서는 쉴 수가 있는데, 보이는 것들로부터는 쉬지를 못합니다."(10.34.51)

어거스틴이 진정 가치 있게 여기는 빛은 눈을 감아야 보이는 빛이었다. 그래서 어둠 속에서 조명의 빛을 본 토비아, 이삭, 야곱을 언급한다. 최고의 아름다움의 판단기준은 하나님인데 눈의 즐거움을 위해 사는 사람은 창조주 하나님을 보지 못한다.

> "나 자신의 발도 낮에는 외모의 미에 걸려있습니다. 주님 그러나 당신이 나를 빼내어 주실 것입니다."(10.34.53)

35. 안목의 정욕 : 호기심의 유혹

어거스틴이 말하는 "안목의 정욕"은 시각뿐만이 아니라 모든 감각적인 경험을 포함하고 있다. 육체의 정욕이 쾌락을 원한다면, 안목의 정욕은 호기심을 추구한다.

> "우리 영혼이 … 감각을 통해 어떤 경험을 얻으려고 하는 허망한 호기심입니다. 이 호기심은 학문과 지식이라는 미명의 가면을 둘러쓰고 있습니다."(10.35.54)

> "이런 경향은 종교 생활에까지 영향을 미쳐서 사람들은 기사와 이적을 보여 달라고 하나님을 시험합니다."(10.35.55)

> "내 마음이 이런 것들을 받아들이는 창고가 되고, 수없는 헛된 것들로 가득 차 눌려 있을 때 우리의 기도는 곧 잘 방해받고 헷갈리게 됩니다."(10.35.57)

36. 이생의 자랑: 교만의 유혹

교만의 유혹은 자기 정당화와 칭찬에서 오는 것이다. 어거스틴은 자기 정당화의 문제가 하나님의 은혜로 치유되어 "쉽고 가벼운 멍에"가 되었다고 말했다.

> "그 유혹이란 사람들이 나를 두려워하고, 사랑해 주기를 바람으로써 어떤 즐거움을 누리려고 하는 욕구입니다."

> "원수는 '잘했다 잘했다'라는 칭찬의 덫을 우리 주변에 많이

파놓습니다. 우리는 그 칭찬의 말을 좋아서 듣다가 알지 못하는 사이에 그 덫에 걸려들어 당신의 진리에서 즐거움을 찾으려고 하지 않고 사람들의 위선에서 그것을 찾으려고 하는 것입니다."(10.36.59)

칭찬을 통해 오는 교만의 유혹은 속기가 쉽다. 그는 이에 대한 대처로, 사람들의 사랑은 하나님을 위해 받고, 마음에는 하나님의 말씀을 두려워하라고 권한다. 또한 사람의 말이 아니라, 칭찬의 원인이신 하나님의 선물을 기뻐하라고 강조한다.

37. 칭찬을 받고자 하는 유혹

어거스틴은 육체의 정욕과 안목의 정욕에 대해서는 어느 정도 제어하는 능력을 갖추게 되었다. 그러나 칭찬받고 싶은 유혹은 이겨내기 어렵다고 말한다.

> "우리가 매일 시련받는 도가니는 인간의 혀입니다.(잠27:21) 이 점에 대해서도 당신은 우리에게 절제를 명하십니다. 당신이 명한 것을 (행할 수 있도록) 주시고 당신이 원하는 것을 명하소서. … 이 유혹을 제어할 수 있는 능력은 거의 가지고 있지 않습니다."(10.37.60)

어거스틴은 해결책으로 하나님께 "절제의 은혜"를 구했고, 임시 해법으로는 칭찬보다 진리에 서는 것을 더 기뻐하라고 권한다. 또한 칭찬을 즐거워할 때는 자신이 아니라 이웃의 유익을 위해서라고 말한다.

38. 허영심의 유혹

"칭찬을 좋아하는 자는 … 거지가 동냥을 구하듯이 다른 사람들로부터 칭찬을 구걸하고 수집합니다." … "허영의 유혹은 내가 속으로 그것을 꾸짖을 때도 나를 시험합니다." … "인간은 자기의 허영을 꾸짖는 일 그 자체에서 자기를 헛되이 자랑하고 있기 때문입니다."(10.38.63)

"내가 나 자신에 대하여 불만을 느끼고 은밀히 신음하며 당신의 자비를 구하게 되면 나는 좋아질 것입니다. 그러면 나의 결점을 고쳐지고 온전히 치료가 되어 교만한 자의 눈이 보지 못하는 평안에 이르게 될 것입니다."(10.38.63)

어거스틴은 자신의 영광을 경멸함으로써 더 큰 영광을 누리고 싶어 하는 인간의 거짓된 겸손의 속임수를 파헤쳐 드러낸다. 그리고 하나님의 자비로 고침을 받고 평안에 이르기를 구한다.

39. 자기만족의 유혹

어거스틴은 자기 사랑에 빠진 이들의 영적 문제를 분석해 드러내며, 자신도 그 위험을 경계하고 하나님의 은혜로 치유되기를 원했다.

> 다른 사람들이 좋아하거나 싫어하는 것에 관심이 없고, 남을 좋아하려 하지 않는다.
> 좋지 않은 것을 좋은 것처럼 즐긴다.
> 하나님이 주신 좋은 것을 자기 것처럼 여기고, 자기 공로의 결과라고 착각한다.
> 그것을 은혜로 받았음을 알면서도 남에게 주신 은혜를 질투하며 함께 기뻐하지 못한다. (10.39.64)

42-43. 거짓 중보자, 참된 중보자

어거스틴은 『고백록』 7권에서 지적 신비체험을 한 후 참된 중보자의 필요성을 깨달았고(7.18.24), 8권 밀라노의 정원에서 예수 그리스도를 만남으로 회심에 이르렀다(8.12.29). 이제 그는 회심에서 성취로 나아가는 과정에서, 중보자가 어떻게 영혼에 체험적이고 성찰적인 안정을 주는지를 설명한다.

그는 하나님을 지적 탐구로만 찾으려는 교만한 자들은 참된 중보자가 아닌 거짓 중보자인 사탄을 따르게 된다고 경고한다. 사탄은 몸이 없기에 하나님을 흉내 낼 수 있으며, 신플라톤주의자들은 육체를 부정하는 태도로 인해 이러한 거짓 중보자를 추구하게 된다. (10.42.67)

어거스틴은 이러한 오류를 넘어서, 신성과 인성을 모두 지닌 참된 중보자 그리스도를 통해 고대의 이원론을 극복하였고, 훗날 칼세돈 공의회(451)가 정립한 "참 하나님이자 참 사람"이라는 기독론의 방향을 제시하였다.

> "인간을 화해시킬 중보자는 (한편으로는) 하나님과 같아야 하고, 동시에 (다른 편으로는) 인간과도 같아야 합니다."(10.42.67)

> "그가 인간이 되신 면에서는 우리의 중보자이시나, 하나님의 말씀이신 면에서는 하나님과 인간 사이의 중간적 존재가 아니십니다. 왜냐하면 그는 하나님과 동등하시고, 하나님과 함께 계시며, 하나님과 하나이신 분이시기 때문입니다."(10.43.68)

어거스틴은 예수 그리스도의 수난을 믿는 믿음이 과거의 성현들뿐 아니라 현재와 미래의 인류 모두에게 구원의 길이 된다고 말한다. 그는 그리스도께서 하나님 앞에서 우리를 위한 희생제물이 되심으로 진정한 승리를 이루셨다고 고백하며, 이는 자신의 교만을 내려놓고 유한성을 받아들여 하나님의 형상대로 변화된 자신의 경험과 연결된다. 그리고 그리스도께서 하나님의 우편에서 우리를 위해 간구하시는 분이기에, 우리는 절망하지 않고 그분을 스승이자 치료자로 신뢰할 수 있다고 고백한다.

제11권
시간과 영원

어거스틴은 창세기 서두를 주석하는 것을 일생의 과제로 생각했다. 그의 창세기 1~3장 연구(388~418)는 그의 존재론적 사유에 지대한 영향을 주었다.[1]

『고백록』 11권은 창세기 1:1에 대한 해석이다. 어거스틴은 성경 연구를 위한 기도로 시작해 창조의 의미를 성찰하고, "창조 이전에 하나님은 무엇을 하셨는가?"라는 질문에 답한다. 이어서 그는 시간과 영원의 차이, 시간의 본질, 그리고 시간으로 인한 영혼의 분산과 그 극복의 길을 탐구한다.

신학적 주제: 창조의 시간성, 영원과 시간의 질적 차이, 신학적 인간학, 성경 해석 원리

플라톤주의는 시간과 영원을 분리했지만, 기독교는 영원한 로고스의 성육신과 고난, 죽음, 부활을 시간 안에서 일어난 진리로 선포했다. 이로 인해 시간과 영원의 만남은 고대 철학과 기독교 사이의

---

[1] 어거스틴의 창세기 주해는 다음의 5권에서 다루어진다. 『마니교 반박 창세기 해설』, 『창세기 문자적 해설 미완성 작품』, 『고백록』, 『창세기 문자적 해설』, 『신국론』.

핵심 논쟁이 되었다. 어거스틴은 이 문제를 포괄적으로 다룬 최초의 신학자로서, 실존의 시간성을 깊이 성찰한 인물이다.

1. 고백의 목적

어거스틴은 10~13권의 고백 목적에 대해
첫째, 하나님을 향한 나의 사랑과 독자들의 사랑을 깨워 주님을 찬양하는 것
둘째, 온전한 자유를 얻어 하나님 안에서 (in te) 행복을 누리는 것으로 고백한다.

2. 성서 이해를 위한 기도

"당신은 나를 인도하여 당신의 백성을 위하여 말씀을 선포하고 성례를 집행하도록 하셨습니다."(11.2.2)

어거스틴은 396년 히포의 감독이 된 후, 397~400년에 『고백록』을 집필했다. 그는 성경연구를 통해 자신과 공동체의 사랑을 증진하고자 했으며, 『고백록』 11~13권에서는 창세기 1장을 창조에서 종말까지 성경 전체를 요약하는 구조로 해석했다.

1) 성경 연구를 위한 기도, 시간, 중보자의 도움

"나의 기도를 들으시고 … 당신의 성서를 명상함이 나의 순결한 기쁨이 되게 하소서. 나로 하여금 성서를 잘못 이해하거나 다른 사람에게 잘못 해석해 주지 말게 하소서."(11.2.3)

"오 주님 당신의 자비의 빛에 의하여 나의 갈망이 그 문제를 파고 들어가 밝히 알 수 있도록 하소서." … "아무도 탐구하는 나를 방해하지 못하게 하소서."(11.22.28)

"율법의 비밀을 명상할 수 있도록 시간을 주시고 그 문을 두드리는 나에게 그 문을 닫지 마소서. … 오 주님 나를 온전케 하여 주시고 그 책의 비밀을 나에게 여소서… 당신의 음성은 나의 기쁨이요. 내 모든 쾌락을 초월합니다."(11.2.3)

어거스틴은 성경 연구에서 기도의 중요성을 강조하며, 연구할 시간과 말씀의 기쁨을 허락해 달라고 간구한다. 그는 "두드린다"는 표현을 통해 믿음에서 이해로 나아가는 과정을 보여준다.

"오, 나의 하나님이여, 내가 바라는 것이 어디서 기인해 있는지 보시옵소서. 오 주님, 불의 한 자들이 자기를 즐기는 것을 말해주었습니다."(11.2.4)

인간은 사랑의 대상을 통해 자신을 드러내는 존재다. 즉 무엇을 어떻게 사랑하는가를 통해 내적 구조와 방향성이 드러난다. 어거스틴은 자신이 하나님의 말씀을 즐기는 존재가 되고 싶어하는 기도이다.

> 하나님은 예수 그리스도를 하나님과 인간 사이의 중보자로 세우셨다. 하나님은 그를 통해 우리를 찾으시고, 만물을 창조하시며, 믿는 자를 양자로 삼으신다. 그는 우리를 위해 간구하시며, 그 안에는 지혜와 지식의 모든 보화가 감추어져 있다. (11.2.4)

어거스틴은 『고백록』에서 하나님께 나아가는 모든 과정에 중보자의 도움이 필요하다고 고백한다. 9권에서는 기억을 통한 상승에서 (9.43.70), 10권에서는 분산된 마음을 지향할 때(10.29.39), 11권에서는 말씀을 이해하기 위해 중보자를 붙잡는다.

3~5. 천지창조에 대하여

어거스틴에 따르면, 창세기 1:1의 말씀이 진리임을 아는 것은 기억 속 진리의 상기와 하나님의 조명이 결합될 때 가능하다. 또한 변화하는 피조물 자체가 창조주의 존재를 증거한다고 본다.

> "우리는 천지가 존재하는 것을 눈앞에서 보고 있습니다. 이것들은 자기들이 창조되었다고 큰 소리로 외치고 있습니다. 왜냐하면 그들은 변하고 바뀌고 있기 때문입니다."(11.4.6)

피조물은 창조주의 아름다움과 선을 반영하므로 본질적으로 선하고 아름답다. 따라서 변화와 무상성은 죄의 결과가 아니라 피조물의 본래적 조건이다.

플라톤주의는 창조를 외부 질료에 형상을 부여하는 과정으로 보지만, 어거스틴은 하나님이 질료 자체와 기능공의 지성과 몸까지 창조하신 분임을 고백한다. (11.5.7)

6~7. 말씀의 영원성과 창조

어거스틴에 따르면, 창조하시는 하나님의 말씀은 영원 안에서 선포된 것이며, 시간 속에서 들리는 음성은 하나님의 뜻에 순종하는 피조물의 움직임일 뿐이다. (11.6.8) 영원의 말씀은 변화하지 않고 동시에, 영원히 말씀하시는 하나님 자신의 표현이지만, 시간 속의 음성은 비존재적이며 일시적이다. 따라서 하나님의 말씀은 내 위에 머물며, 시간과 변화의 지배를 받지 않는 참된 실재로 존재한다.

8. 하나님의 말씀은 우리의 교사

"모든 것은 영원한 이성(*aeterma ratio*) 안에서 … 있기 시작하고 없어지게 된다는 사실입니다. … 이 영원한 이성은 바로 당신의 말씀이며, 우리에게 말씀하시는 '태초'(*principium*)이기도 합니다." (11.8.10)

어거스틴은 하나님의 말씀을 "영원한 이성"이자 "태초"와 동일시한다. 이것은 "태초"를 시간 개념으로 보는 현대인들에게 낯선 개념이다. 그러나 어거스틴은 창세기 1:1과 요한복음 1:1을 연결하여, "태초"를 곧 "성자"로 이해한다.

10. 창조 이전의 시간에 대해 묻는 자들

어거스틴 당시에 "창조 이전에 하나님은 무엇을 하셨는가?"라는 질문이 제기되었고, 다음과 같은 문제들이 논의되었다.

- 하나님이 아무 일도 하지 않으셨다면, 왜 어느 순간 갑자기 창조를 시작했는가?
- 창조 의지가 새롭게 생긴 것이라면, 하나님의 본질은 영원하지 않다.
- 창조 계획이 영원부터 있었다면 피조물도 영원해야 하지 않는가?

11~13. 영원과 시간의 질적 차이

어거스틴은 이런 질문을 제기하는 사람들은 마음이 안정되지 않아 시간의 본질을 이해하지 못한 것이라고 지적한다.

"그들이 영원을 이해하고 맛보려 하나 그들의 마음은 피조물들의 과거와 미래의 움직임을 따라서 펄떡거릴 뿐 아직도 안정을 찾지 못하고 있습니다. … 누가 인간의 마음을 붙잡아 고요히 머물러 있게 하여 과거와 미래의 시간을 지시하시는지 알아볼 수 있게 하겠습니까?"(11.11.13)

어거스틴은 두 종류의 안정성(stability)을 구분한다. 마음의 안정성은 하나님의 은혜로만 가능한 하나님께 고정된 내면의 평안이고, 시간의 안전성은 시간의 흐름 속에서도 나타나는 창조 질서의 통일성이다. 어거스틴은 "회심"(12.12.15)으로 마음의 안전성을 얻은 후 시간의 안전성을 이해하는 변화가 일어난다고 보았다.

"영원에는 아무것도 지나가는 것이 없어 모든 전체가 동시적으로 현재적이라는 것, 그리고 시간이란 항상 지나가는 것으로서 동시적으로 존재하지 못하는 것임을 알게 될 것입니다. 또한 과거란 미래에 의해 밀려나고, 미래는 항상 과거를 뒤쫓지만, 과거와 미래는 둘 다 영원한 현재 안에서 창조되고 흐르게 됨을 알게 될 것입니다."(11.11.13)

어거스틴에게 영원과 시간은 질적으로 다른 영역이다. 불변성과 가변성의 차이이다. 이러한 질적 차이에 근거해서 창조 이전의 시간에 관한 세 질문에 답을 제시한다.

그는 첫째와 둘째 질문에 대해, 하나님의 창조는 영원 안에서 시작되기 때문에 "어느 순간 갑자기"라는 표현과 "창조 의지가 새롭게 생겼다는" 표현은 성립하지 않는다고 말한다. 셋째 질문에 대해서 하나님의 본질은 시간의 변화에 영향을 받지 않지만, 피조물은 시

간 속에서 창조되어 변화하기에 영원성을 지닐 수 없다고 설명한다. (11.13.16)

14. 시간의 비존재성

어거스틴은 "시간이 무엇인가?"라는 질문을 던지며 다음과 같이 유명한 말을 남긴다.

> "아무도 나에게 묻지 않는다면 나는 알고 있습니다. 그러나 묻는 자에게 내가 시간을 설명하려고 하면 나는 모릅니다."
> (11.14.17).

이 말은 시간에 대한 그의 이해가 직관적으로는 익숙하지만, 개념적으로는 설명하기 어렵다는 사실을 나타낸다. 그는 과거는 현재의 기억이고, 미래는 현재의 기대이며, 현재는 현재의 직관이라고 정리한다. 시간의 본질은 생성되고 소멸되는 일시성이다. 철학적으로 "비존재(non-being)"이다. 시간 속에서 존재와 인식은 분산된다. 오직 시간의 제약을 받지 않는 하나님이 참된 행복한 존재이다.

15~17. 시간의 장단과 측정

과거와 미래에 대해 시간의 길고 짧음을 말할 수 없다. 또한 현재라는 것도 "더 이상 쪼갤 수 없는 시간의 순간들"이고, 그 또한 과거로 빠르게 지나가기에 현재라는 시간도 연장(공간)이 없다.

그러나 어거스틴은 인간의 영혼에는 "시간의 간격을 관찰하고 잴 수 있는 능력이 주어져 있다"고 말한다. (11.15.19) 그는 시간의 동적 차원, 심리적 차원을 모두 동원하여 시간을 측정하려고 한다.

> "혹시 과거나 미래는 있는 것이 아닙니까? 그런데 미래가 현재로 들어오고, 현재가 과거로 밀려 들어갈 때 시간은 어떤 은밀한 곳에서 나왔다가 어떤 은밀한 곳으로 들어가는 것이 아닙니까?"… "과거의 시간이나 미래의 시간이 (어떤 면에서) 있는 것만은 사실입니다."(11.17.22)

어거스틴에 따르면, 미래가 전혀 없다면 예언은 불가능하고, 과거가 없다면 회상이나 서술도 불가능했을 것이다. 사람들은 경험을 통해 과거와 미래를 말하지만, 이는 모두 현재 속에서 기억과 기대로 나타난다.

18~20. 세 가지의 시간

어거스틴은 시간 인식을 현재를 중심으로 설명한다. 과거의 서술은 감각을 통해 남은 흔적이 현재 기억 속에서 언어로 재구성될 때 가능하다. 미래에 대한 인식은 그 자체가 아니라 현재에 나타난 징조나 원인을 통해 이루어진다. 결국 인간은 현재만을 인식할 수 있다.

> "우리가 과거, 현재, 미래라는 세 가지의 시간이 있다고 말하

는 것도 적당치 않습니다. 아마 '과거 일의 현재,' '현재 일의 현재,' '미래 일의 현재'라는 세 가지의 시간이 있다고 말하는 것이 옳을 것입니다. 이 세 가지의 시간이 어떤 면에서 우리의 영혼(마음) 안에 존재하고 있습니다. … 과거 일의 현재는 기억이요, 현재 일의 현재는 직관이며, 미래 일의 현재는 기대입니다."(11.20.26)

시간	현재적 시간	마음의 작용
과거 (이미 없음)	과거 일의 현재	기억
현재 (곧 사라짐)	현재 일의 현재	직관
미래 (이미 없음)	미래 일의 현재	기대

어거스틴은 객관적 시간 개념을 인정하지만, 그것은 여전히 수수께끼라고 본다. 그래서 그는 시간을 인간 의식 속 주관적 경험으로 이해하며, 그 측정도 마음의 작용으로 보았다.

23-24. 시간과 물체의 운동은 다르다.

아리스토텔레스는 "해와 달과 별의 운동이 시간이다"라고 말했다. 어거스틴은 물체의 운동으로 시간을 측정하는 방법을 부정하지 않는다. 그러나 그 자체를 시간으로 보지 않고, 시간의 본성과 그 힘을 알고 싶어 한다.

우리는 움직임이 시작되는 시점부터 끝나는 시점까지의 지속

(duration)을 측정할 수 있으며, 이를 통해 시간과 운동을 구분해야 한다. 그리고 물체가 운동하지 않을 때도 "정지한 시간"을 측정할 수 있다. 이에 근거하여 "시간은 물체의 운동이 아니다"라고 결론을 내린다.

26~28. 시간을 재는 곳

어거스틴은 시간의 본성을 동적으로 보고 확장의 의미를 사용한다.

> "시간이란 어떤 종류의 확장(팽창)인 듯 보입니다. … 그것은 아마 영혼의 확장(*distentio animi*)인지 모르겠습니다."(11.26.33)

시간은 과거, 현재, 미래로 분산되지만, 내면 영혼 안에서 기억, 직관, 미래로 확장한다.

시간의 공간화	과거	현재	미래
시간의 시간화	기억	직관	기대
시간의 영원화	분산 (타락)	모으심 (회심)	뻗어감 (성취)

현재는 그 자체로 측정할 수 없고, 소리가 지나가는 과정에서 시작과 끝이 있는 시간만 측정할 수 있다. 과거의 시간을 측정하는 것은 기억 속에 남아 있는 인상의 흔적을 측정하는 것이다.(11.27.35) 인간

의 행위는 현재의 의지가 미래에 대한 기대를 과거의 기억으로 이끄는 방식으로 전개 된다. 예를 들어 시편을 암송할 때, 미래의 암송을 기대하면서 시작하고, 이미 암송한 내용은 기억이 되며, 이 모든 과정은 현재의 직관 속에서 통합된다.

어거스틴은 영혼의 세 가지 기능이 과거와 미래의 길이를 측정할 수 있다고 주장한다.

> "우리의 마음은 '기대'하고 '직관'하고 '기억'한다. … 마음의 직관은 지속되고 그것을 통해 미래는 과거로 이행하여 지나간다. 그러므로 현재 존재하지 않는 미래 시간은 긴 것이 아니다. 미래가 길다고 함은 미래에 대한 기대가 긴 것일 뿐이다. 또한 존재하지 않는 과거가 길 수 없다. 과거가 길다고 함은 과거에 대한 우리의 기억이 긴 것일 뿐이다."(11.28.37)

29. 마음의 분산에서 통합으로

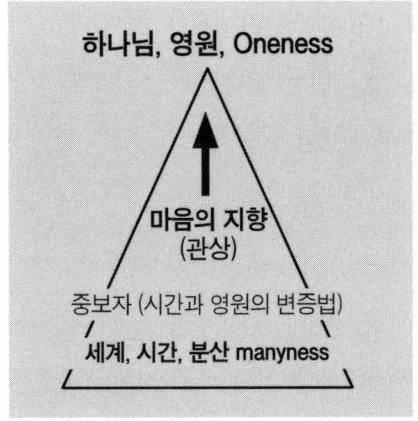

시간은 우리 영혼이 무질서를 겪고, 죄와 죽음을 경험하며 도덕적 순결성이 쉽게 무너지게 되는 조건이다. 어거스틴은 시간 속에 분산된 자아가 통일성에 이르기 위해 중보자를 관상한다.

> "그는 하나이신 당신과 여러 모양과 많은 것으로 쪼개 떨어진 우리 사이에 계시는 중보자이십니다. … 나는 이제 지나간 과거는 잊어버리고, 지나가 없어지게 될 미래의 것에 마음을 향하지 않으며, '앞에 있는 것'을 붙잡기 위하여 - 분산(distentio)된 마음이 아니라 마음을 집중하여, 마음의 헷갈림이 아니라, 마음의 지향(intentio)으로써 하늘의 부르는 상을 얻기 위하여 쫓아갑니다. 거기에서 나는 오지도 않고 가지도 않는 당신의 즐거움을 관상할 것입니다." (11.29.39)

이 문단은 분산된 시간 속에서 영혼이 믿음을 통해 영원을 향해 나아가는 과정을 설명한다. 시간 안에서 믿음은 잠정적이지만, 중보자에 대한 믿음은 우리를 겸손하게 하고 정화시켜 관상을 준비하게 한다. 하나님을 향한 지향성은 죄로 인해 약화되었으나, 성령을 통해 부어지는 사랑의 은총으로 회복된다. 비록 영혼이 시간 속의 무상한 존재일지라도, "하나님 안에서 하나님을 향하는" 지향성을 통해 하나님을 사랑하며 존재할 수 있다.

제12권
무로부터의 창조, 질료와 형상

『고백록』 12권은 창세기 1:1과 1:2를 해석한다. 어거스틴은 "하늘과 땅"이 아직 형태와 질서를 갖기 전의 무형 질료를 의미한다고 해석한다. 그는 창조의 순간에 만물의 가능성이 "종자(種子)" 형태로 내재 되었다고 본다. 창세기 1장 1절에 대한 다양한 해석을 소개하며, 성경의 진리는 하나지만 독자들의 경건한 마음에 따라 여러 방식으로 해석될 수 있음을 인정한다.

신학적 주제: 무형의 질료, 종배사상, 사랑의 공동체, 성경해석의 유연성, 하나님의 말씀과 시간

1. 불완전한 인간과 성서의 말씀

성경은 불완전한 인간을 회심으로 이끌어 성취에 이르게 하며 (12.1.1), 그 문은 하나님의 무한한 풍요로 들어가는 통로이다. 어거스틴은 "구하라, 찾으라, 두드리라"는 말씀을 강조하며, 성경이 믿음에서 이해로 나아가는 결단을 요구한다고 보았다.

2. 하늘의 하늘

어거스틴은 『고백록』 11권에서 창조와 시간, 영원의 대조에 주목하고, 12권에서는 창조된 우주의 구조에 초점을 둔다. 창세기 1:1에서 그는 "하늘"을 하늘의 하늘(heaven'), "땅"을 "무형의 물질(earth')"로 해석한다. 무형의 물질에 형상이 부여되어 "물질적 하늘과 물질적 땅(heaven'/earth')"이 창조된다. 하나님의 첫 창조물인 "하늘의 하늘(heaven')"은 천사와 지성적 세계를 의미하며, 시간 밖에서 창조된 피조물로 하나님의 초월성에 더 가까운 존재이다.

3~4. 질료와 형상

하나님의 두 번째 창조는 절대 무로부터 무형의 질료를 창조한 것이다. (12.7.7) 이는 빛도 형상도 없는 깊은 심연으로, 그는 이를 깊은 심연(earth')과 심연 위의 흑암, 즉 무형의 영적 질료(earth')로 구분하며 "형상이 없는 땅"이라 부른다. (12.4.4, 12.9.9). 무형의 질료는 절대 무는 아니나 구체적 특성이 없는 가장 낮은 존재로, 형상을 갖춘 피조물보다 덜 아름답지만, 아름다운 창조를 위한 재료로 사용된다.

5~6. 물체의 가변성

무형의 질료는 보이지 않고 형상이 없어 인식은 되지만 파악할 수 없는 물체이며, 다양한 형상을 수용할 수 있는 가변성을 지닌다. 어거스틴은 질료에 형상을 부여하는 것을 창조로 보았는데, 이는 플로티노스의 영향을 받았으나, 그 질료가 하나님에 의해 창조되었고 악의 근원이 아니라는 점에서 기독교적 재해석이다.

8. 무, 혼돈, 피조물

하나님의 창조는 삼위일체를 전제로 성자 안에서 이루어졌고, 무에서 창조되었다.(12.7.7) 창세기 본문에는 없지만, 어거스틴이 제시한 창조의 논리적 순서는 다음과 같다.

> 하늘의 하늘(heaven²) 창조: 천사와 신비의 세계로, 하나님의 영원성에 참여한다.
> 무형의 질료(earth³) 창조: 절대 무에서 비롯된 형상 없는 땅.
> 하늘과 땅(heaven¹ and earth¹) 창조: 무형의 질료에 형상이 부여되며, 2단계와 동시에 일어난다.(13.33.48).

창세기의 서술에 따른 창조 순서는 다음과 같다.

> 첫째 날: 무형의 영적 질료에 빛으로 형상을 부여하여 영적 피조물(heaven²) 창조
> 둘째 날: 보이는 하늘, 곧 궁창(heaven¹)을 창조.
> 셋째 날: 땅과 바다(earth¹)를 창조.

어거스틴은 둘째 날 창조된 "물과 물 사이의 궁창"을 해석하면서, 첫 번째 물은 하늘의 하늘(heaven²), 두 번째 물은 무형의 질료(earth³)로 이해한다. 그는 본문 저자의 의도보다는 신학적 통찰에 따라 창조 질서를 재구성하였다.

> "무형의 질료, '거의 무'로부터 당신은 '있으나 있지 않은' 이 변화무쌍한 세상의 모든 것을 만드셨습니다. 이 조건에서 사물의 가변성이 나타나며, 그 안에서 시간이 경험되고 측정됩니다. 시간은 한 형상이 다른 형상으로 바뀌는 변화로 이루어지기 때문입니다."(12.8.8)

무형의 질료를 통해 창조된 세계는 가변성을 지니며, 모든 피조물은 형상이라는 안정성과 질료라는 불안정성을 함께 지니고 있어 시간의 영향을 받는다.

10. 성서의 신비 이해를 기원함

창조의 물리적 공간이 형성되는 과정을 설명했던 어거스틴은 이제 "빛," "어둠," "돌아오라는 당신의 음성," "다시 사는 것," "말씀하소서"와 같은 상징적 언어를 사용하여 창조의 이야기를 구원의 드라마로 전환한다.

> "나는 당신에게서 떨어져 나와 어둠에 굴러떨어진 탓으로 어두운 존재가 되고 말았습니다. 그렇지만 나는 그 어둠 속에서

도 당신을 사랑하게 되었습니다"(12.10.10).

어거스틴은 하나님보다 피조물을 더 사랑하는 것을 절대 무(無)로 떨어지는 것이라 보았지만, 인간 속 하나님의 형상으로 인해 회복 가능성은 열려 있다고 했다. 그는 밀라노 회심 후 이론과 실천을 넘어 성취를 추구하며, 창조-타락-회심-완성의 구원의 여정에 전념했다.

11. 하나님이 창조하시지 않은 두 가지

"당신이 창조하지 않은 것은 다만 존재하지 않는 (절대) 무와 최고의 존재자이신 당신에게 등을 돌리어 열등한 것에게 향하는 (왜곡된) 의지 뿐입니다. 그러한 의지의 운동이 바로 사악한 것이요. 죄인 것입니다."(11.11.11)

영적 피조물은 본래 가변성을 지니지만, 세 가지 특징으로 영원성에 참여한다. (12.11.12)

하나님께 늘 밀착하고 사랑을 다해 의존함으로 영원을 지향한다.
미래의 기대와 과거의 기억이 없다.
변화와 시간의 경과에 영향을 받지 않는다.

어거스틴은 『고백록』 11권에서 마음의 안정이 시간의 안정을 가져온다고 보았고, 12권에서는 천사들이 하나님을 관상해 시간의 안정을 누리듯 영혼도 하나님을 의존해 영원성에 참여하길 소망했다. 그는 "모든 것을 하나님 안에서 사랑하라"는 말을, 피조물 안에 머물되 그 안에서 하나님을 사랑함으로 하나님에게서 떨어지지 않는 방식으로 이해했다.

12~13. 시간의 지배를 받지 않는 두 피조물

하나님의 창조물 중 시간에 지배되지 않는 것은 영적 피조물과 무형의 질료이다. 영적 피조물은 하나님을 관상하며 가변성을 제어하고 전체를 동시에 인식하며, 무형의 질료는 형상과 질서가 없어 생성·소멸이나 시간 변화에 속하지 않는다. 둘 다 존재론적으로 가장 높은 위치에 있다.

> **영적 피조물:** 하나님을 관상하며 시간의 변화에 영향을 받지 않는 존재
> **무형의 질료:** 형상이 없어 시간의 변화에 영향을 받지 않는 물질
> **영혼과 육체:** 존재와 비존재 사이를 오가며 시간의 영향을 받는 존재
> **우주론적 시간:** 사물의 변화하는 기능으로 비존재

15. 반론에 대한 대답

1) 어거스틴의 질문

어거스틴은 창조주의 영원성과 관련해 세 가지를 물었으나, 반대자들은 그중 처음 두 가지만 인정했다.

> 하나님은 새로운 의지나 새로운 지식으로 창조하지 않았음을 인정하는가?
> 형상화된 모든 존재와 질료는 하나님으로부터 왔음을 인정하는가?
> 하나님과 밀착하여 시간 속에서도 변하지 않는 숭고한 피조물의 존재를 믿는가?

2) 영적 피조물에 대한 설명

어거스틴은 영적 피조물(heaven²)을 하나님이 거하시는 '집'으로 부른다. 그는 이 지성적 피조물을 창조된 '지혜'로 보는데, 이 지혜는 하나님의 '말씀(로고스)'으로서의 창조하는 지혜와는 다르다. 즉, 창조된 지혜는 하나님의 빛을 받아 빛이 되는 존재이다. 어거스틴은 이것을 "하나님의 순결한 도성의 이성적이고 지적인 정신"이라고 부른다. (12.15.20)

"오 빛나고 아름다운 집이여! 나는 당신의 아름다움과 내 주님의 거처이자 건설자이신 분의 처소를 사랑했습니다! 나의 나그네 길은 당신을 그리워하며 탄식합니다. 나는 당신을 지으신 분께 말합니다. 그분이 나도 지으셨기에, 그분이 나를 당신 안에서 소유하게 하소서. 나는 길 잃은 양처럼 방황했습니다. 그러나 당신의 건설자이자 나의 목자이신 분의 어깨 위에서 다시 돌아가기를 희망합니다."(12.15.21)

어거스틴은 비판자들과 합의하여 세 가지 결론을 도출한다.

하나님의 집(heaven²)은 영원에 참여하며 시간의 변화가 없다.
무형의 질료(earth³)는 형상이 없고 무질서하므로 시간의 변화가 없다.
무형의 질료(earth³)는 절대적 무(nothing)는 아니며, 하나님이 창조하신 것이다.

3) 어거스틴과 신앙 공동체

『고백록』에서 신앙 공동체는 어거스틴이 회심 후 알리피우스와 모니카와 함께 신자로 서는 장면에서 시작된다.(8.12.30) 그가 세례를 받은 후 부모와 하나님의 도성의 시민 전체를 위해 기도하며 공동체의 확장을 보여준다.(9.13.37) 그리고 10~13권에서는 신자들과의 대화를 통해 이 공동체가 점차 확장되는 모습이 드러난다.

16. 내 본향, 하늘의 예루살렘

어거스틴은 자신이 깨달은 진리를 신자들과 나누길 원하지만, 이를 거부하는 이들에겐 말씀을 전하려 노력하되, 끝내 거부할 경우 하나님이 말씀하시는 곳으로 향하겠다고 기도한다.

> "나는 은밀한 방으로 들어가 당신에게 사랑의 노래를 부르고자 합니다. 나는 이제 이 순례의 길에서 내 본향이요. 내 어머니인 저 하늘의 예루살렘을 기억하고, 내 마음을 거기로 향하면서 말할 수 없는 탄식으로 그리워하고 있습니다."(12.16.23)

17. 하늘과 땅에 대한 다양한 의미

1) 창세기 1:1~2절에 관한 다양한 해석

A. "하늘과 땅"(heaven¹/earth¹)은 가시적 자연 세계 전체이고, "보이지 않고 형상이 없는 땅과 심연 위의 흑암"은 무형의 질료(earth³)로 해석된다. (12.17.24)

B. 무형의 질료(earth³)에서 하늘과 땅(heaven¹/earth¹)이라고 부르는 모든 피조물이 창조되었기에 질료를 하늘과 땅이라고 부른다. (12.17.25)

C. 하늘과 땅은 물질계(earth²)와 영계(heaven²)를 포함한 것이다. 모든 것이 무로부터 창조되었기 때문에 이 두 세계는 가변성이 있다. (12.17.25)

D. 어거스틴의 입장: "하늘과 땅"(heaven²/earth³)은 각각 영적 피조물과 무형의 질료를 뜻한다. 영적 질료(heaven²)에 지혜의 빛(형상)이 부여되어 영적 피조물이 생긴다. 무형의 질료(earth³)에 형상이 부여되면 자연 세계의 하늘과 땅((heaven¹/earth¹)이 된다. 인간은 영적 질료(heaven²)로 창조된 영혼과 무형의 질료(earth³)로 창조된 육체로 이루어진 통일적 실체이다.

창조과학회가 증명하고 싶어 하는 것은 보이는 세계를 설명하려는 자연주의적인 시도다. 그러나 어거스틴은 영적 세계의 창조가 먼저 있었다고 보았다.

유형	하늘과 땅의 의미	무형의 질료의 역할	창조의 구조	해석의 특징
A	heaven¹/earth¹ = 가시적 자연 세계	"불가시적 무형의 땅," "심연 위의 흑암" (창 1:2)	무형의 질료 → 가시적 세계	자연주의적 창조 설명
B	heaven¹/earth¹ = 가시적 자연 세계	피조물의 재료 "하늘과 땅"이라 불림	무형의 질료 → 모든 피조물	명명적/비유적 해석 강조
C	heaven²/earth² = 영계와 물질계	영계와 물질계 모두 가변성 있음	무 → 무형의 질료 → 가시적+불가시적 세계	무로부터의 창조와 가변성 강조
D	heaven² = 영적 피조물 earth³ = 무형의 질료	heaven³=영적 질료 earth³=물질계의 질료	*무 →영적 질료+ 빛 → 영적 피조물 *무 → 무형의 질료 +형상 → 가시적 세계 * 영혼과 육체 →인간 * 영적 질료 →영혼, 무형의 질료→육체	*영적-물질적 창조 통합 *인간을 영혼과 육체의 통일체로 이해

용어설명

하늘 또한 영계	땅 또한 물질계
heaven¹ 물질적 하늘	earth¹ 물질적 땅
heaven² 영적 피조물	earth² 물질계 (형상을 받은 존재)
heaven³ 무형의 영적 질료	earth³ 무형의 물질적 질료 (형상 없는 상태)

2) 어거스틴 창조론의 세 가지 논점

존재론적 위계

영적 피조물(heaven²)은 시간 속에서 창조된 영혼과 육체보다 존재론적으로 우월하다.

영적 질료와 물질적 질료의 구분

무형의 질료(earth³)는 물질적이며, "심연 위의 어둠"은 빛을 받아 형상화되기 이전의 유동적이고 어두운 영적 질료(heaven³)를 의미한다.

인간 존재의 이중 형상론(double hylomorphism)

인간은 영혼과 육체가 결합된 단일 실체로, 영적 질료와 물질적 질료로부터 각각 형상화되어 창조된 존재이다.

18. 다양한 성서해석

어거스틴은 성경의 의미가 저자의 의도를 넘어서 풍성하며, 서로 다른 해석이 함께 존재할 수 있음을 시사했다. 또한 해석에는 사랑의 정신이 필요하다고 강조했다.

> "우리가 성서를 읽고 그 저자의 의도를 파악하려고 할 때, … 그 해석이 진실한 마음의 빛이되신 당신께서 우리에게 보여주신 진리라고 이해한다면, … 저자가 의도한 바는 아닐지라도 우리는 진리의 한 면을 알게 되는 것이 아닙니까?"(12.18.27)

이것은 성경 안에 여러 진리가 있다는 것이 아니라, 하나의 진리에 대한 다양한 관점과 접근이 가능함을 인정하는 것이다. 이는 하나님께서 말씀하실 때 각 사람의 상태와 필요에 따라 상대적인 적절성을 갖춘 방식으로 진리를 비추시기 때문이다.

> "한 분이신 하나님께서 모세에게 모든 사람의 이해 정도에 알맞게 기록하도록 하셨으니 각 사람이 그 말씀 중에서 여러 가지 진리를 여러모로 해석할 수 있지 않습니까?"(12.31.42)

어거스틴은 어머니 모니카가 단순한 믿음으로 진리에 참여했지만, 이는 철학적 사유를 통해 진리를 탐구한 사람들과 동일한 참여임을 인정했다. 그는 영원한 로고스와 성육하신 그리스도 모두 진리임을 고백하며 (7.9.14), 진리에 대한 다양한 해석은 해로운 것이 아니라 영적 공동체의 포용성과 풍요로움을 드러낸다고 보았다.

19. 창조에 대한 자명한 진리

어거스틴은 창세기 1:1~2에 대한 자신의 해석을 다음과 같이 논리적으로 정리한다.

- 하나님이 하늘과 땅(heaven¹/earth¹)을 창조하셨다.
- 창조의 시작은 지혜와 동일하며, 그 지혜 안에서 하나님은 만물을 창조하셨다.
- 가시적 세계의 가장 큰 요소는 하늘과 땅으로 나뉘며, 이는 하나님이 만든 모든 창조를 간단하게 줄인 말이다
- 변화하는 존재들은 형상을 수용하거나 변형될 수 있게 하는 무형의 질료(earth³)를 떠올리게 한다.
- 하나님을 의존하는 영적 피조물(heaven²)은 시간의 지배를 받지 않는다.
- 무형의 질료(earth³)는 거의 무(無)에 가까운 상태로서, 시간의 변화를 받지 않는다.
- 영적 질료(heaven²)와 무형의 질료(earch³)는 그로 인해 만들어지는 사물의 이름을 따라 비유적으로 하늘과 땅이라고 불릴 수 있다.
- 형상을 지닌 모든 것 중에 "땅과 깊음"(earth²/ heaven³)은 무형의 존재에 가장 가깝다.
- 하나님은 형상화된 존재(heaven²/earth²)들뿐 아니라 형상화 될 수 있는 것들(heaven³/ earth³)도 창조하셨다. 그 결과 무로부터의 창조는 "형상으로의 회심"과 구별되어야 한다.

- 형상을 갖춘 모든 존재는 먼저 무형(earth³/heaven³) 상태에 있었으며, 이후 형상을 갖춘 존재(earth²/heaven²)가 된다.

20. 창세기 1:1에 대한 다양한 해석

어거스틴은 하나님은 말씀(logos) 안에서 영적 피조물(heaven²)과 물질적 피조물(earth²)을 창조하셨다고 주장했다. (12.20.29).

두 번째 해석자는 하나님께서 우리가 볼 수 있고 알고 있는 "물질적 세계의 전체 덩어리"를 창조하셨다고 했다.

세 번째 해석자는, 하나님께서 "영적 질료(heaven³)와 물질적 질료(earth³)로 구성된 무형의 질료를 창조하셨다고 했다.

네 번째 해석자는, 하나님께서 하늘과 땅이 혼재되어 있는 무형의 질료(earth³)를 창조하셨고 지금은 구별되고 형상화된 모습이 되었다고 주장한다.

다섯 번째 해석자는, 하나님께서, 나누어지지 않은 상태의 하늘과 땅(earth²)을 포함하고 있는 무형의 질료(earth³)를 창조하셨고, 그로부터 관찰 가능한 하늘과 땅이 형성되었다고 주장한다.

21. 창세기 1:2에 대한 다양한 해석

어거스틴은 "땅은 보이지 않고 형상이 없었고 어둠이 깊음 위에 있었다."(창 1:2)는 말씀에 대해, 그것들은 하나님이 창조하신 무형의 질료(earth³)인데 그 명칭은 나중에 그것을 통해 만들어지는 물질과 동일시된 것이라고 주장했다. (12.21.30).

두 번째 해석자는 처음에 무형의 질료가 있었고 그로부터 물질적 하늘(heaven¹)과 가시적 피조물(earth²)이 만들어졌다고 주장한다. 이 두 번째 해석은 물질계, 즉 하늘과 땅(earth²)을 명시적으로 언급하였다는 점에서 점에서 어거스틴의 해석과 다르다.

세 번째 해석자는 하늘과 땅(heaven³, earth³)은 처음에는 무형의 질료였고, 여기서 영적 하늘(heaven²)과 가시적인 하늘과 땅(earth²)이 창조되었다고 주장한다. 이 해석은 영적 질료(heaven³)와 물질적 질료(earth³)를 구분하는 점에서 독특하다.

네 번째 해석자는 "하늘과 땅"(창1:1)이 무형의 질료(heaven³, earth³)는 아니지만 창세기 1:2의 "무형의 땅"(earth³)과 "어두운 깊음"(heaven³)은 무형의 질료이며 하나님은 이것으로부터 영적 피조물(heaven²)과 물질적 창조물(earth²)을 만드신다고 한다. (12.21.30)

마지막 해석자는 하나님은 무형의 질료(창1:2)로부터 하늘과 땅(earth²)을 창조하시고, 이 둘 사이에 세계를 상·하부로 나누어, 모든 피조물이 있도록 했다는 것이다.

마지막 두 입장은 창세기 1:2는 무형의 질료를 의미하지만, 창세기 1:1은 무형의 질료가 아니라 이미 창조된 존재로 본다. 다시 말해, 창세기 1:1은 형상 없는 질료 이전의 상태가 아니라, 하나님에 의해 창조된 완전한 실재로 해석한다.

22. 반론과 답변

어거스틴은 마지막 두 입장에 반대하는 이들의 견해를 소개한다. 그들은 창세기 1:2의 피조물이 무형의 질료라면, 창세기 1:1의 "하늘과 땅" 역시 무형의 질료를 의미해야 한다고 주장한다. 그렇지 않으면 하나님께서 하늘과 땅을 창조하기 위해 별도의 질료를 또다시 창조하셔야 하는 모순이 생긴다고 반박한다. (12.22.31)

어거스틴은 마지막 두 입장을 가진 사람들의 답변을 소개한다.

> 하나님께서 무형의 질료(earth³)를 창조하신 것을 부정하지 않는다.
> 하늘과 땅이 피조물 전체를 포함한다면, 땅이라는 말에는 물도 포함되는데, 아름다운 물은 무형이 아니기 때문에, 땅을 무형의 질료라고 보기 어렵다.
> "땅"에서 궁창(하늘)과 궁창의 물이 창조되는데 이들은 무형의 질료가 아니다.

23. 두 가지 의견

어거스틴은 신뢰할 만한 전달자의 말이라도 두 가지 불일치가 일어난다고 말한다. 하나는 전달된 내용의 진위에 대한 것이고, 다른 하나는 전달자의 의도에 대한 것이다. (12.23.32) 그는 창조 자체를 부정하거나, 모세가 거짓을 말했다고 여기는 자들과 논쟁하지 않겠다고 한다. 대신 그는 사랑의 공동체 안에서 진리를 받아들이는 태도가 중요하다고 강조한다.

어거스틴은 『고백록』 7권에서 지적 회심의 순간, 진리를 "보았으나 먹지 못했다"고 고백한다. 이는 진리를 지성적으로 인식했지만, 그것을 삶의 방식으로 받아들이지 못했다는 의미이다. 다시 말해, 그는 진리를 이해했으나 그것을 실존적으로 수용하지 못한 상태였다.

> "나는 성인들의 음식이다. 너는 성장하여 나를 먹어라. 네가 먹은 음식을 네 몸으로 변화시키듯 나를 너의 몸으로 변화시키지 말라. 오히려 너 자신을 나와 같이 되도록 변화시켜라."(7.10.16)

> "그것은 마치 음식은 먹지 못하고 냄새만 맡은 것과 같았다."(7.17.23)

그러한 진리를 "먹을 수 있게" 된 것은 예수 그리스도의 중보를 통해서이며, 성경을 사랑의 공동체 안에서 해석할 때 가능하다고 말한다.

> "그는 나를 불러 내가 곧 길이요 진리요 생명이니(요14:6)라고 말씀하시고 내가 약해서 받아먹을 수 없는 하늘의 양식을 우리 인간의 육체와 섞어 주셨습니다."(7.18.24)

"오 주님, 나로 하여금 넓은 사랑 안에서 당신의 진리를 먹고 사는 자들과 함께 당신 안에서 연합하여 하나가 되게 하시고 그들과 함께 당신 안에서 즐기게 하소서. 나로 하여금 그들과 함께 당신의 책의 말씀에 접근하게 하소서."(12.23.32).

진리는 단순한 지적 통찰이 아니라, 그리스도를 통한 구속과 공동체적 사랑 속에서 실존적으로 수용될 때 온전히 받아들여진다.

24. 성서해석의 난점

어거스틴은 다양한 해석 중 어느 하나를 두고 "이것이 모세의 의도다"라고 단정할 수 없다고 보았다. 그는 창세기 1:1이 하나님께서 말씀 안에서 "보이는 것과 보이지 않는 것(earth^2, heaven^2)을 창조하셨다"는 진리를 확신하지만, 모세가 기록할 당시 다른 뜻을 품었을 가능성도 열어 둔다. 어거스틴은 진리와 저자의 의도를 구분했으며, 모세의 마음은 알 수 없지만 하나님의 조명을 통해 진리는 인식될 수 있다고 보았다.

25. 다양한 해석과 사랑의 덕

어거스틴의 성서해석 자세는 사랑과 겸손에 기초한다. 그는 자기 해석만이 옳다고 주장하는 태도를 교만으로 보았다. 진리는 모두가 향유해야 할 공적인 실재이며, 해석은 그 진리에 이르기 위한 수단일 뿐이다.

> "당신의 진리는 내 것, 네 것, 누구의 것도 아니라 당신이 공유하라고 명하신 대로 우리의 것이기 때문입니다. 당신은 우리를 엄중히 경고하사, 우리로 하여금 진리를 마치 자기 개인 것인 양 소유하지 말라고 하십니다. … 만일 어떤 사람이 당신이 모든 사람과 함께 누리라고 부여하여 주신 것을 자기 개인에게만 돌리려고 하든가 모든 사람에게 속해있는 것을 자기 소유물로 삼으려 한다면 그는 공(公)에서 사(私)로, 진리에서 거짓으로 전락한 사람입니다."(12.25.34)

어거스틴은 자기에게 논쟁하려는 사람에게 이렇게 답한다.

> 우리는 그 진리를 우리 마음을 초월해 있는 불변의 진리 그 자체 안에서 보게 되는 것이다. … 그러므로 우리는 기록된 말씀 밖으로 넘어가 서로 대적하여 교만한 마음을 먹지 말자. (고전4:16) 그 대신 우리는 마음을 다하고 몸을 다하여 우리 주 하나님을 사랑하고 우리 이웃을 우리 자신을 사랑하듯 하자. (마22:37~39)

근본주의와 교리적 독선은 어거스틴의 성서해석과 맞지 않는다. 그것들은 작은 차이를 부각해 논쟁하거나 자신들의 생각을 절대화하며, 배타와 분리를 진리 수호의 방법으로 채택하는데, 이런 태도는 어거스틴과 다른 길이다.

27~28. 여러 가지 해석의 가능성

어거스틴은 모세가 전한 진리와 다양한 해석의 관계를 하나의 시냇물이 여러 강의 근원이 되는 것에 비유하며, 신앙이 약한 이들의 해석도 포함된다고 본다. 그러나 그는 이해 수준의 차이와 무관하게, 창조 해석에서 반드시 공통적으로 인식해야 할 핵심 진리를 제시한다.

> 하나님은 영원불변하시며, 과거와 미래를 초월한 영원한 현재로 존재하신다.
> 모든 피조물은 하나님에 의해 창조되었다.
> 하나님의 창조 행위는 새로운 의지의 형성이나 변화를 의미하지 않는다.
> 하나님은 말씀을 통해 무에서 무형의 질료를 창조하시고, "정해 준 능력에 따라" 그 질료에 형상을 부여하여 세상에 생기는 아름다운 변화를 일으킨다.

어거스틴의 종배사상 (seminal reason)

어거스틴은 하나님이 창조하신 무형의 질료에 모든 사물의 가능성이 종자 형태로 잠재되어 있으며, 창조는 한 번에 이루어졌으나 시간 속에서 점차 펼쳐진다고 보았다. 이는 창조의 일회성과 섭리의 지속성을 통합하며, 기독교 창조론과 자연철학의 조화를 지향한

다. (11.7.9; 12.28.38)

　어거스틴은 창세기 1:1의 "태초에"라는 표현에 대해 다섯 가지 해석을 소개한다. 핵심 쟁점은 "태초"를 하나님의 '지혜'로 볼 것인가, '시간의 처음'으로 볼 것인가이며, 특히 "태초 = 지혜"로 해석하는 입장들 사이에서도 "하늘과 땅"을 무형의 질료로 보느냐, 이미 형성된 피조물로 보느냐에 따라 견해가 갈린다.

　　A. 지혜 안에서 무형의 질료(하늘과 땅)로부터 "영계와 물질계"가 창조되었다.
　　B. 지혜 안에서 무형의 질료(하늘과 땅)로부터 "물질계"만 창조되었다.
　　C. 지혜 안에서 "영계와 물질계"(하늘과 땅)가 창조되었다.
　　D. 지혜 안에서 "물질계"(하늘과 땅)가 창조되었다.
　　E. 처음 시간에, 하늘과 땅이 창조되었다.

29. 네 종류의 우선순위

　어거스틴은 무형의 질료에 형상이 부여되어 세계가 창조되었다는 해석을 지지하며, 이를 시간·영원·선택·근원의 네 범주로 설명한다. 그는 영원이 시간보다 앞서는 이유를 초월성과 불변성에서 찾고, 형상의 부여가 영원에서 이루어졌으므로 시간 속에서는 질료와 형상이 함께 존재한다고 본다. 그러나 가치 면에서는 형상이 질료보다 우선한다고 강조한다.

30~31. 진리를 이해하는 정도

어거스틴은 창세기 1:1~2의 해석이 다양함을 인정하면서, 다양한 해석 속에서 상대적 진리를 인정하려고 한다. 이는 율법의 궁극적 목적이 사랑의 실천에 있기 때문이다.

> "한 분이신 하나님께서 모세에게 모든 사람들의 이해의 정도에 알맞게 기록하도록 하셨으니 각 사람이 그 말씀 중에서 여러 가지 진리를 여러모로 해석할 수 있지 않습니까?"

> "나는 독자들이 내 책을 읽는 중에 내 말이 어떤 진리의 소리를 그들의 마음에 메아리쳐서 거기에서 누구든지 어떤 진리를 발견할 수 있도록 쓰겠습니다."(12.31.42)

어거스틴은 텍스트의 의미가 고정되지 않고 독자의 참여 속에서 형성될 수 있음을 인정하며, 이는 의미가 텍스트와 독자의 상호작용 속에서 생성된다는 현대 해석학과 맞닿아 있다. 폴 리꾀르는 텍스트의 의미가 저자의 의도를 넘어 독자에게 새로운 세계를 열어준다고 했고, 가다머는 독자가 텍스트의 지평과 자신의 지평을 대화 속에서 융합해 새로운 이해를 형성한다고 보았다.

32. 해석의 정신

어거스틴은 성경을 통해 하나님의 전하시려는 모든 뜻을 알 수 없으나 성령은 그 모든 가능성을 아신다고 고백하며, 성령의 인도하심으로 참되고 선한 해석을 선택하게 해 달라고 기도한다. 그는 창세기 1:1~2처럼 성경 전체를 자세히 주석할 수 없으므로 앞으로는 간결하게 해석하겠다고 밝힌다.

> "당신의 영감으로 나로 하여금 참되고, 확실하며, 좋은 하나의 의미를 선택하게 하소서, 만일 내 해석이 당신의 종 모세가 의도한 것과 일치한다면, 그것이 가장 옳고 좋은 것이므로 그것을 위해 노력하는 것이 내 고백의 신앙입니다. 내가 혹시 이 목적을 이루지 못할지라도 당신의 진리가 모세에게 말씀하시려고 하신 것처럼, 그의 말을 통해 나에게 말씀하시려고 하신 뜻을 말하게 하소서."(12.32.43)

이 기도를 통해 어거스틴은 13권 창세기 1:3~2:3의 주석으로 자연스럽게 전환한다.

제13권
창세기 1장에 대한 은유적 해석

『고백록』 13권은 창세기 1:1-2:3을 주석하며, 성경의 창조 언어가 지닌 영적 의미를 은유적으로 해석한다. 초반부에서는 삼위일체의 창조 활동을 제시한다. 이어 하늘과 땅의 창조를 영적 피조물과 무형의 질료로 해석하며, 이를 통해 피조물의 가변성과 은혜 안에서의 안정성을 설명한다. 또한 여섯 날의 창조를 교회론적 관점에서 세밀하게 해석하고, 결론에서는 하나님의 안식을 종말론적 안식과 구원의 완성을 예표하는 것으로 제시한다.

신학적 주제: 창조와 구속의 통일성, 삼위일체의 경륜, 창조와 교회론, 창조-타락-회심-완성의 여정, 종말론적 완성, 성경해석학

1. 존재와 행복의 근원이 되신 하나님

어거스틴은 자기 영혼 안에 하나님을 모시고자 간구하며 하나님의 선행 은총을 고백한다.

"내가 당신을 부르기 이전에도 사실 당신은 나를 부르고 계셨습니다. 당신은 여러 가지 음성과 방법으로 거듭거듭 부르시고 독촉하시어 나로 하여금 당신의 음성을 듣고 돌아서서 나를 부르시는 당신을 부르게 하셨습니다."(13.1.1)

"내가 당신을 섬기고 예배함은 당신이 그것을 필요로 해서가 아닙니다. 당신을 섬기고 예배함은 당신으로 말미암아 내가 행복하게 되기 위함입니다. 내가 당신으로 말미암아 존재하게 되었으니 당신으로 말미암아 행복하게 됨은 당연한 일이옵니다."(3.1.1)

우리 존재와 행복의 근거가 하나님이기 때문에 우리는 하나님 밖에서 행복을 구할 수 없다. 하나님은 피조물의 예배로 결핍을 채우시는 분이 아니며, 예배는 인간의 행복을 위한 것이다. 그러므로 예배를 수단화하는 것은 경건을 왜곡하는 행위이다.

2. 존재와 선의 근원이 되신 하나님

어거스틴은 창세기 1:2을 해석하며 영적 피조물의 기원이 되는 '영적 질료'(heaven[3]) 개념을 도입했다.

"당신은 말씀으로 그것을[영적 질료] 창조하시고 또한 같은 말씀으로 그것을 당신께 향하게 하여 조명을 받아 빛이 되게 하셨습니다. 이 빛은 당신과 동등한 것은 아니나 당신과 동등

한 위치에 있는 '당신의 형상'(말씀, 빛)을 닮았습니다."(13.2.3)

"영적 피조물의 좋음은 당신에게 항상 가까이 있어 굳게 의존하여 사는 것입니다. 그렇지 않다면 … 당신을 향해서 얻은 그 빛을 당신으로부터 등을 돌림으로 잃어버려 어두운 심연(heaven³)과 같은 생명 없는 상태로 다시 떨어지게 됩니다."(13.2.3)

"영혼을 가지고 있어서 영적 피조물이라 말할 수 있는 우리 자신들에게도 마찬가지입니다. 우리는 참 빛이 되신 당신으로부터 등을 돌려 한때 그와 같은 어두운 생활을 했습니다."

어거스틴에게 창조와 회심은 연결되어 있다. 창조는 하나님에게서 존재가 나오게 하고, 회심은 그것을 하나님께로 돌아가게 한다. 창조는 회심의 가능성을 마련하고, 회심은 창조의 목적을 이루게 한다.

3~4. "빛이 있으라"(창 1:3)의 해석

어거스틴은 빛의 창조와 영적 피조물의 창조를 동일하게 다루었다. 이 두 사건은 시간 밖에서 이루어진 것으로 이해된다.

"당신이 창조하신 영적 피조물은 이미 자체 안에 어떤 종류의 생명을 가지고 있어서 당신이 조명하시는 빛을 받을 수 있었다고 봅니다. … 그것이 빛이 된 것은 단순히 존재하여 있다는 사실에 근거한 것이 아니고 그것이 조명해 주시는 당신의 빛을 향해 관상하며 당신에게 의존하고 있기 때문입니다."(13.3.4)

하나님은 영적 질료에 빛으로 형상을 부여해 영적 피조물을 창조하였다. 영적 피조물은 하나님을 관상하며 참 행복과 영원성에 참여한다.

5. 11. 삼위일체 하나님과 인간 안에 삼위일체의 흔적

어거스틴은 창세기 1:1~2에서 삼위일체의 활동을 발견한다.

"나는 하나님이라는 명칭 하에서는 이 모든 것을 창조하신 성부를, 태초(지혜)라는 명칭 하에서는 그 안에서 하나님이 모든 것을 창조하신 성자를 알게 되었습니다.… 당신의 영이 수면 위에 운행하셨다 함을 발견하게 되었습니다."(13.5.6)

어거스틴은 『고백록』 13권 11장에서 인간 안에 있는 삼위일체의 흔적을 추적하고, 인간의 세 가지 기능을 성찰한다.

"이 세 가지란 인간의 존재(*esse*)와 인식(*nosse*)과 의지(*velle*)입니다. … 나는 무엇을 알고 뜻을 펴며 존재하고 있습니다. … 이 세 가지의 기능… 속에서 나눌 수 없는 하나의 생명—하나

의 생명, 하나의 정신, 하나의 본질—이 살아 움직임을 사람들
이 알게 하소서."(13.11.12)

인간은 "불변하게 존재하며, 불변하게 알고, 불변하게 의지하시는" 하나님을 온전히 이해할 수 없다. 어거스틴은 삼위가 이 세 기능을 함께 이루며, 각 위격이 모두 세 기능을 지닌다고 본다.

"당신은 한 분이면서 여럿(셋)이시오, 무한하신 분이지만 자체 안에 제한되어 계시는-스스로 자체 안에 존재하시고, 스스로 자체 안에서 인식하시고, 스스로 자체 안에서 충족하신-불변의 동일자, 많은 풍부함을 지니고 계시는 단일자"(13.11.12)

그 결과, 하나님의 본질과 각 위격, 그리고 전체로서의 삼위일체 안에는 차이와 운동성이 드러난다. 어거스틴은 하나님이 자신을 초월해 계시므로 정태적 인식의 대상이 될 수 없으며, 하나님의 신비를 함부로 침범해서는 안 된다고 강조한다.

어거스틴의 삼위일체 신학은 『고백록』과 『삼위일체론』에서 변화된 형태로 나타난다.

삼위일체	구성 요소	출처
관상의 대상	영원-진리-사랑	『고백록』(7.10.16)
인간 안에 흔적	존재-이해-의지	『고백록』(13.11.12)
인간 안에 흔적	기억-이해-의지	『삼위일체론』(10.11.17)

어거스틴은 『고백록』에서 하나님은 "사랑스러운 영원, 영원한 진리, 진정한 사랑"이라고 고백했고,(7.10.16) 인간은 알고 뜻을 펴며 존재한다고 한다.(13.11.12) 그러나 그는 『삼위일체론』에서 인간 안에 있는 하나님의 흔적을 기억, 이해, 의지라고 파악한다.(13.11.12) 인간은 기억한 것을 이해하고 이해한 것을 사랑하는 존재이다.

6~7. 수면 위에 운행하시는 하나님

어거스틴은 성부와 성자보다 성령이 나중에 언급된 이유는 끌어올릴 대상이 창조되지 않았기 때문이라고 해석한다. 그리고 "성령이 물 위를 운행하신다"(창1:2)를 "우리에게 주신 성령으로 말미암아 하나님의 사랑이 우리 마음에 부은 바 됨이니"(롬5:5)와 연결해서 성령은 우리를 정욕의 심연에서 하나님께로 끌어올린다고 해석한다.

> "우리를 심연으로 끌어내리는 정욕의 무게와—처음부터 수면 위에 운행하셨던 당신의 영을 통하여 우리를 끌어올리시는—당신의 사랑에 대하여 내가 어떻게 설명할 수 있겠습니까? … 둘 다 인간의 내면에 속해있는 감정이요, 사랑입니다. 하나는 세상에 대한 사랑과 염려로 우리를 밑으로 내려가게 하는 우리 영의 불결함이요, 하나는 세상에 대한 염려에서 해방되기를 사랑하게 함으로써 우리를 다시 위로 끌어올리는 당신이 거룩함입니다. … 이리하여 우리 영혼은 실체가 없는 수면을 통과하여 드디어 최상의 안식에 다다르게 됩니다."(13.7.8)

이 인용문에는 세 가지 신학적 구조가 나타난다. 첫째, 정욕의 심연이 회심하여 하나님께 돌아가는 구속 여정이 나타난다. 둘째, 하나님에게서 멀어지게 하는 정서는 존재론적 실체가 아니라 영혼의 방향성이다. 셋째, 창조 때 물 위를 운행하신 성령은 우리를 창조의 완성, 구원론적 안식으로 인도한다.

8. 타락과 회복

어거스틴은 "빛이 있으라"(창1:3)는 말씀은 영적 피조물과 인간 영혼을 위한 것으로 본다. 이 말씀이 없었다면, 천사와 인간 영혼은 흑암의 심연에 머물렀을 것이다. 이제 영적 피조물은 주 안에서 빛이 되었으니, 불안정한 우리의 영혼도 하나님 안에서 안식하기를 간구한다.

> "오 주님, 우리에게 빛을 비춰주시는 분도, 빛의 옷을 입히시는 분도 당신이십니다. 이렇듯 우리가 당신의 빛의 조명을 받고 당신의 빛의 옷을 입을 때는 우리의 어둠은 대낮처럼 밝아질 것입니다."(13.8.9)

9. 나의 무게가 나의 사랑

어거스틴에게 하나님 안에 안식(in te)은 인간이 있어야 할 한 본래의 자기 자리이다. 하나님의 사랑(성령)이 우리를 그곳으로 들어 올린다. 그러나 영혼이 하나님을 떠나면, 그 무게가 하나님과 영혼을 분리시킨다.

> "물체는 자체의 무게로 인해 제자리를 향해서 움직입니다. … 그것들이 제자리를 벗어나면 불안정해지고 제자리에 다시 돌아가면 안정을 찾게 됩니다. … 나에게도 나의 무게가 나의 사랑입니다.(Pondus meum, amor meus) 그로 인해 나는 끌려가며, 나는 사랑이 이끄는 대로 움직이게 됩니다."(13.9.10)

어거스틴은 물리적 운동을 영적 운동에 비유하여, 사랑은 존재를 끌어당기는 힘이라고 본다. 영혼은 사랑의 질서를 회복할 때 하나님 안에서 안식할 수 있다.

12~34. 창세기 1장에 대한 은유적 해석

어거스틴이 창세기 1장을 해석할 때 사용하는 용어는 세 가지 방식으로 구분된다. 첫째, 자신의 존재론적 상황을 드러내기 위해 어둠, 빛, 회심과 같은 표현을 사용한다. 둘째, 『고백록』 12권과 13권 초반에서는 창세기 1장의 용어를 문자적으로 해석한다. 셋째, 13권 후반에서는 이러한 문자적 용어를 은유적으로 확장하여 구원론적 의미로 전환한다.

그는 이 세 방식을 병행하며, 하나님을 향한 영혼의 여정, 무로부터의 창조에 대한 우주론적 설명, 교회의 발전을 묘사하는 은유를 서로 연결한다. 결론에서 어거스틴은 창조-타락-회심-완성이라는 우주론적 과정이 교회 역사와 개인의 실존 속에서 반복됨을 밝힌다.[1]

---

[1] Carl G. Vaught, *Access to God in Augustine's Confessions, Books X-XIII* (NY: State

12. 창조의 첫째 날: 회개하고 빛을 받음

어거스틴은 창세기 1:3을 해석하며, 영적 질료가 영적 피조물로 창조되는 과정에서 빛이 형상의 역할을 한 것으로 보았다. 따라서 세례를 육적인 교인을 영적인 교인으로 새롭게 창조하는 형상으로 이해하며, 자신이 세례를 베푸는 사명을 지녔음을 확인한다.

> "하늘과 땅이란 그의 몸된 교회의 영적인 교인과 육적인 교인을 의미합니다. 땅(질료)과 같은 우리들은 형상과 같은 교리(가르침)를 받기 전에는 보이지 않고 형상이 없는 (혼돈된) 존재였습니다."(13.12.13)

어거스틴은 형상 개념을 교회의 교리와 은유적으로 연결한다. 육적인 교인은 교리의 가르침을 통해 영적인 교인으로 새롭게 창조된다.

13. 첫째 날: 신랑을 그리워하는 신랑의 벗

어거스틴은 사도 바울이 육적인 교인을 염려하며 "이 세대를 본받지 말고 마음을 새롭게 함으로 변화를 받으라"(13.13.14)고 권면한 말씀을 인용한다. 그는 성령께서 교회의 지체들에게 은사를 부어 주실 때 이것이 가능하다고 본다. 또한 바울이 "성령의 첫 열매"를 받았으나 여전히 "몸의 속량"을 기다린다고 한 말(롬 8:23)을 들어, 그리스도인의 완성은 영과 육을 모두 포함하는 전인적 완성이라고 해석한다.

University of New York Press, 2005), 203.

> "신랑의 벗이 그를 그리워함은 자기 자신 때문이 아니라 심연에 깊이 빠진 자들을 폭포 소리로 부르시는 당신의 음성을 듣기 때문입니다."(13.13.14)

여기서 신랑의 벗은 사도 바울을, 심연은 육적인 교인을, 폭포는 영적 은사를 의미한다. 어거스틴은 하나님을 떠나려는 유혹에 약한 교인이라도 성령의 은사를 통해 성숙과 성취에 이를 수 있다고 권면한다.

14. 첫째 날: 빛의 자녀와 어둠의 자녀

어거스틴은 창세기 1:4의 "빛과 어둠을 나누사"를 은유적으로 해석하며, 심연으로 되돌아가려는 자신의 실존과 끊임없이 씨름한다. 그는 "내 영혼아, 네가 어찌하여 낙심하며, 어찌하여 나를 괴롭히느냐?"라는 믿음의 질문에 "하나님을 바라라"라는 소망의 언어가 응답하여, 마침내 성취에 이르기를 바란다.

> "이 성령은 우리가 이 땅 위에서 지금 순례하는 동안에도 이미 빛 가운데 있다고 하는 보증을 우리에게 주셨습니다. … 그러나 우리는 아직도 불확실한 인간의 지식을 가지고 있는 까닭에 어둠의 자녀들과 빛의 자녀들이 된 우리 사이를 엄밀히 구별할 수 없습니다. 그 구별을 하실 수 있는 분은 당신뿐입니다."(13.14.15)

성령은 어거스틴에게 "빛의 자녀"(살전 5:5)라는 보증을 주셨으나, 그는 빛의 자녀와 어둠의 자녀를 구분할 판단이 자신에게 없다고 고백한다. 이는 하나님의 주권(롬 9:21)에 속한 영역이기 때문이다. 어거스틴은 창세기 본문과 바울 서신을 병치하여, 문자적 해석과 영적 해석을 결합하는 은유적 해석을 전개하고 있다.

15. 둘째 날: 궁창을 창조함(성서의 권위)

어거스틴은 창세기 1:6의 궁창을 은유적으로 해석하며, 성경을 "가죽처럼 펼쳐진" 궁창에 비유한다.(13.15.16) 여기서 "가죽"은 성경을 기록한 양피지를 뜻함과 동시에, 아담과 하와가 범죄한 후 하나님이 입히신 가죽옷을 상징한다. 또한 궁창은 모든 사람 위에 펼쳐진다는 점에서 말씀의 보편성을 나타낸다. 성경은 지혜를 주지만, 동시에 인간의 교만을 무너뜨리는 데 효과적이다.(13.15.16)

어거스틴은 궁창 위의 물을 영적 피조물로 해석한다. 천사들은 하나님을 직접 관상하기 때문에 궁창(성경)을 바라볼 필요 없이 하나님의 뜻을 곧바로 "읽고, 선택하며, 사랑한다."(13.15.18) 그러나 인간은 "구름"(성경 저자들)을 통과해서 궁창(성경)에 접근할 수 있다. 성경 저자들은 사라졌으나 하나님의 말씀은 영원히 남는다. 지금 우리는 비유와 거울을 통해 하나님의 말씀을 접하지만, 그날에는 하나님을 대면하여 보게 될 것이다. 그리스도께서 "육체의 창"(성육신)을 통해 우리 안에 성취의 갈망을 심으셨으나, 그 성취는 부활에서 완성된다.

16. 둘째 날: 빛 가운데서 빛을 보게 됨

어거스틴은 하나님과 피조물 사이의 절대적 차이를 강조한다. 하나님은 "변함없이 존재하고, 변함없이 아시며, 변함없이 뜻하신다."(13.16.19) 이는 불변하는 빛이 자신을 아는 것과 같다. 반면, 빛을 받아 존재하는 가변적 피조물이 자신을 안다고 말하는 것은 하나님 앞에서 합당하지 않다.

17. 셋째 날: 바다와 마른 땅의 은유적 의미

어거스틴은 창세기 1:9를 은유적으로 해석한다. 그는 먼저 "이 땅에서 시간적인 행복을 얻으려는 공동의 목적을 가진" 사회를 바다에 비유한다.(13.17.20) 반면 "하나님을 사모하고 갈망하는 영혼"들은 마른 땅에 비유된다.(13.17.21)

> "당신은 왜곡된 인간들의 욕심을 제어하시고 그 한계를 정하여 주시어 그들의 욕심의 파도가 정해 주신 한계선을 넘어가지 못하게 하셨습니다. … 당신을 사모하고 목말라하며 당신 앞에 나타나는 영혼들은 … 바다와 같은 사회로부터 구별하시어 다른 목적을 가지고 살게 하십니다. 당신은 그들에게 당신의 은밀한 샘에서 흘러나오는 달콤한 물을 주어 땅이 열매를 맺도록 하십니다."(13.17.20-21)

그는 하나님께서 바다 안에서 사악한 욕망을 제어하는 "한계선"을 정하시고, 하나님께 등을 돌린 자들 위에도 주권을 행사하신다고 말한다.(13.17.20) 또한 하나님의 백성들은 "자기 종류에 따라 자비의 행동"을 하는데, 이는 "씨를 맺는 풀"처럼 작은 도움뿐 아니라 "열매 맺는 나무"처럼 강력한 보호와 구원의 행위도 포함된다고 한다. 어거스틴의 바다와 마른 땅의 개념은 훗날 하나님의 도성과 세상의 도성 개념으로 발전한다.

18. 넷째 날: 궁창의 광명체에 대한 은유적 의미

어거스틴은 창세기 1:14~19을 해석하며, 궁창에 광명체를 두는 것을 성경 안에 영적 자녀를 세우는 것으로 비유한다. 영적 자녀들은 "세상의 빛"이 되기 위해서 행동에서 관상의 경지에 이르고, "성서에 매달림으로 숭고한 생명의 말씀"을 얻어야 한다.(13.18.22) 그러면 그들은 말씀을 통해 "영적 세계와 감각적 세계에 속한 영혼들을 낮과 밤처럼 구별할 수 있게 된다."

> "당신은 하늘의 궁창과 같은 성서에다가 별과 같은 영적인 자녀들을 각각 위치시켜 놓으셨습니다. 이리하여 (당신은 그들을 통하여) 세계에 뚜렷이 나타난 당신의 은혜로 말미암아 이 땅에 빛을 비추게 하시고 낮과 밤을 나누어 때의 징조가 되게 하신 것입니다."(13.18.22)

이 영적 자녀들 가운데 일부는 지혜(*sapientia*)를 받고, 다른 이들은 지식(*scientia*)을 받고, 또 다른 이들은 믿음, 치유, 기적을 행하는 능력, 예언, 영 분별, 여러 방언 등 성령의 은사들을 받는다. 지혜는 낮을 다스리는 진리의 빛(태양)과 같고, 지식은 밤을 함께 다스리는 달과 별들과 같다. 어거스틴은 달과 별들은 미성숙한 그리스도인들을 위한 것이라고 말한다.

> "육적인 사람은 그리스도 안에 있는 어린아이와 같아서 아직은 젖을 먹고 있기 때문에 그가 커서 밥을 먹을 때까지, 그리고 그의 눈이 태양을 바로 볼 수 있을 때까지—캄캄한 어둠 속에서 헤맬 것이 아니라—달빛과 별들의 빛으로 만족해야 합니다."(13.18.23)

19. 넷째 날: 빛을 만백성에게 비추어라.

어거스틴은 영생을 얻는 방법을 질문한 부자 청년의 이야기를 통해 열매 맺는 나무가 된다는 것과 궁창의 별들이 땅을 비추는 것의 실천적 의미를 설명한다.

> "너는 가서 탐욕의 가시덤불을 뽑아내라. 네 소유를 팔아 가난한 자들에게 줌으로써 네 땅이 열매로 풍성하게 하여라. … 그리고 온전하게 되기 원하면 주님을 좇으라. 그의 지혜의 말씀을 듣는 무리 중에 들어가라. 그는 무엇을 낮과 밤에 나누어 주어야 함을 알고 계신다. 너도 그것을 알게 될 것이다. 그러면 너희를 위해 하늘의 궁창에 빛들이 만들어지게 될 것이

다. 그러나 네 마음이 거기에 있지 않는다면 빛도 거기에 없을 것이다. 또한 네 재물이 그곳에 없다면 네 마음도 거기에 없을 것이다."(13.19.24)

마음에서 우러나오는 섬김과 완전함에 대한 궁극적 헌신을 동반하지 않는다면 세상의 빛이 될 수 없다.

"물론 작은 자들이라고 하여 그들을 경시해서는 안된다. 땅위를 두루 비추어라. 태양으로 인해 조명을 받은 밝은 낮은 지혜의 말을 낮에게 말하고, 달로 인해 조명을 받은 밤은 지식의 말씀을 밤에게 전하여라(시19:2)."(13.19.25)

20. 다섯째 날: 바다가 내놓은 생물과 하늘을 나는 새

어거스틴은 창세기 1:20-23을 해석하며, 다섯째 날에 창조된 "바다의 기는 생명체"와 "나는 새"를 다음과 같이 은유적으로 설명했다.

"당신의 성례는 당신의 거룩한 종들의 사역을 통하여 세상 유혹의 파도 속에 들어가 딩신의 이름으로 베푼 세례로 이방인을 감화시켰습니다. … 또한 당신의 종들의 말씀은 땅 위를 나는 새들처럼 궁창과 같은 성서의 권위 밑에 두었던 것입니다. 이리하여 그들의 말은 모든 언어를 통하여 들리게 되었으니."(13.20.26)

비록 바다는 진리에서 소외된 백성들의 영역이지만, 하나님은 그들의 필요를 채우기 위해 거룩한 종들을 세워 세례와 말씀 선포의 사역을 맡기신다. 공중의 새가 궁창 아래를 나는 것처럼, 말씀의 사역자는 항상 성경의 권위 아래에 있어야 한다.

21. 여섯째 날: 땅이 내놓은 생물

어거스틴은 창세기 1:24~25의 "땅이 내놓은 생물"에 대해 세례나 기사와 이적, 방언의 표적이 필요 없는 그리스도인 공동체를 가리킨다고 해석한다.

> "땅은 깊은 바다에서 올려와 당신이 믿는 자들 앞에 마련하신 상 위에 놓은 물고기(예수 그리스도)를 먹고 삽니다.…날짐승들이 생긴 곳은 바다였으나 번식은 땅 위에서 합니다. 복음전도자들이 처음 설교를 하게 된 이유도 인간의 불신앙 때문이었습니다. 그러나 믿는 사람들도 그들로 인하여 매일 여러 가지의 권면과 축복을 받게 됩니다."(13.21.29)

이 인용문의 의미는 첫째, 신앙 공동체가 성만찬에서 예수 그리스도를 먹음으로써 생명을 유지한다는 것이고, 둘째, 복음 전도자는 불신자의 구원을 위해 세워졌지만, 성도 또한 그들의 권면과 축복이 필요하다는 것이다.

"당신의 종들로 하여금 깊은 물의 소용돌이에서 분리되어 나온 마른 땅에서 일하게 하소서, 그들로 하여금 믿는 사람들에게 모범이 된 생활을 하여 그 모범을 따르며 권면하게 하소서, 그럼으로써 믿는 사람들은 듣기만을 위하여 듣지 않고 행동하기 위하여 듣게 될 것입니다."(13,21,30)

실천하는 신앙공동체를 위해 하나님의 종들이 보여야 하는 모범은 다음과 같다.

"너희는 무절제한 교만의 야만성과 사치를 즐기는 태만과 거짓된 지식을 멀리함으로써 너희 안에 있는 야수를 길들이고, 가축을 다스리며, 뱀의 독을 빼라. 비유로 말하면 이것들은 모두 영혼의 운동(충동)을 뜻하는 것이다. 즉, 겸손하지 못한 교만과 쾌락을 따르는 정욕과 독약과 같은 호기심(요1 2:16)은 죽은 영혼의 충동이니라. (13,21,30)

여기서 어거스틴은 『고백록』 여러 부분에서 언급한 죄의 삼중 형태를 가장 분명히 드러낸다. 교만은 길들여야 할 들짐승, 욕망은 제어해야 할 가축, 호기심은 무해하게 만들어야 할 뱀에 비유된다. 설교자들의 말씀과 종들의 모범을 통해 순결하게 된 성도들은, 온유한 짐승, 과식하지 않고 먹지 않아도 배고프지 않은 가축, 그리고 독이 없고 지혜만 남은 뱀으로 표현된다. (13,21,31)

22. 여섯째 날: 하나님의 형상대로 지음 받은 사람

어거스틴은 다시 창조와 바울 서신을 연결하여 하나님 형상의 의미를 해석한다. 하나님의 형상(창1:26)을 가진 성도는 "이 세대를 본받지 말고, 오직 마음을 새롭게 함으로 변화를 받아 하나님의 선하시고 기뻐하시고 온전하신 뜻이 무엇인지 분별"하라고 권면한다. (롬 12:2)

마음을 새롭게 한 사람은 하나님의 뜻을 분별하기에, 더 이상 인간의 모범이 필요하지 않다. 어거스틴은 또한 "우리의 형상대로"(창 1:26)라는 복수형과 "하나님의 형상대로"(창 1:27)라는 단수 표현이 결합하여 사람이 창조되었기에, 사람의 지성은 판단할 수 있는 권한이 있다고 보았다.

> "그는 영적으로 새로 낳음을 얻어 판단을 받아야 할 모든 것을 판단할 수 있게 됩니다. 그러나 그 자신은 아무에게도 판단을 받지 않습니다. (고전2:15)" (13.22.32)

23. 여섯째 날: 피조물을 다스리는 사람

어거스틴은 창세기 1:28의 "다스리라"는 의미를 은유적으로 해석한다. 하나님의 형상을 가진 사람은 판단하는 지성과 피조물을 다스리는 권한을 가졌으나 그 범위에는 한계가 있다. 영적인 사람은 바다의 고기, 공중의 새, 모든 가축과 들짐승, 온 땅과 그 위를 기는 모든 것을 다스리지만, 하늘의 빛(영적 존재), 은밀한 하늘, 하늘 창조 이

전에 불러내신 낮과 밤, 바다로 모인 물은 다스릴 수 없다.(13.23.33)

어거스틴은 또한 영적인 사람이 판단해서 안 되는 영역을 밝힌다. 성경을 심판할 권한이 없으며, 성경 앞에 이해를 복종시키고 그 진실을 믿어야 한다. 율법의 심판자가 아니라 실천자가 되어야 하며, 누가 영적인지 육적인지 판단할 수 없다. 공동체 밖 사람의 구원 여부도 함부로 판단할 수 없는데, 그들의 회심 여부는 오직 하나님만 아시기 때문이다.(13.23.33) 여기서 어거스틴의 예정론이 암묵적으로 드러나는데, 이는 『고백록』 집필 25년 후 펠라기우스 논쟁에서 확정된다.

영적인 사람이 옳고 그름을 판단할 수 있는 경우는 다음과 같다. 세례를 통해 신자를 입교할 때, 성찬식을 거행할 때, 전도자가 성경의 권위에 복종하며 설교할 때에 판단할 수 있다. 영적인 사람은 해석, 설명, 가르침, 논쟁, 축복과 기도를 평가하며, 이에 대한 반응은 입과 소리로 나타나고 회중은 "아멘"으로 응답해야 한다. 또한 성도가 사랑의 기부를 할 때 그들의 행동과 습관에서 옳고 그름을 판단하며, "산 영혼"이 순결, 금식, 감각 절제를 통한 명상으로 정서를 다스리는지, 그리고 교정할 능력이 있는지를 분별한다.(13.23.34)

24. 여섯째 날: 생육하고 번성하라

어거스틴은 "생육하고 번성하여 땅에 충만하라"(창 1:28)는 말씀을 은유적으로 해석한다. 그는 "생육하고 번성하라"는 말씀이 인간뿐 아니라 바다의 생물과 새에게도 주어졌음을 지적한다(창 1:22). 그렇다면 왜 다른 피조물에게는 이 말씀이 주어지지 않았는가? 이에 대해 어떤 이들은 특별한 의미가 없다고 대답하기도 한다.

어거스틴은 성경해석의 중요한 원리를 제시한다. 성경에는 의미와 목적 없이 기록된 말씀이 없다는 것이다.(13.24.36) 이 말은 성경을 해석할 때 본문을 자기에게 종속시키지 말고, 자신을 본문에 종속시켜야 한다는 원리이다. 그렇게 할 때 비로소 본문의 풍요로움이 독자에게 열린다. 어거스틴은 설사 어떤 구절을 이해하지 못하더라도, 하나님께 더 큰 지성을 받은 사람이 그 의미를 해석해 줄 것이라고 믿는다.

어거스틴은 성경해석의 또 다른 원리를 제시한다.

> "한가지의 사실이 여러 가지로 이해되고 표현되며 또한 그 한 가지의 표현도 여러 가지로 이해되기 때문에, 우리는 그것을 육체적(외적)으로 표현하고 영적으로 이해하는 이외에 다른 길이 없습니다."(13.24.37)

이 말은 문자적으로 이해되지 않는 것은 영적으로 이해해야 한다는 것이다. 그는 "생육하고 번성하라"는 말은 육체적 존재와 영적 존재 모두에게 주어진 것이라 본다.

> "물에서 나온 생물의 생육과 번식은 육체적 표현(상징)을 말한 것이라고 봅니다.…그러나 사람의 생육과 번식이란 정신적으로 이성의 풍성한 열매들(다양한 해석들)을 뜻한다고 이해하고 싶습니다."(13.24.37)

어거스틴에 따르면, 인간을 향한 생육과 번성의 축복은 은유적으

로 하나님을 향한 갈망이 커지고 이성의 열매를 풍성히 맺는 것을
뜻한다.

25. 여섯째 날: 땅의 열매

어거스틴은 창세기 1:29~30을 은유적으로 해석하며, 하나님이 채
소와 열매 맺는 나무를 인간과 새, 땅의 짐승에게는 주셨지만 바다의
생명체에는 주지 않으신 점에 주목한다. 그는 비옥한 땅의 열매를
경건한 사람의 자선 행위로 보고, 바울을 도운 오네시보로와 마게도
냐 형제들의 사례를 든다. 이러한 열매는 하나님의 신비를 가르치는
자, 절제의 본을 보이는 "산 영혼", 복음을 전하는 "나는 새"에게 공
급되어야 하며, 그는 이를 교회 안의 자선 행위로 한정해 해석한다.

26. 여섯째 날 : 선물과 열매

어거스틴은 성도들이 선물과 열매의 의미를 구분할 수 있기를 바
랬다. 이는 우리가 즐거워야 할 대상을 바로 알도록 하기 위함이다.
선물은 우리의 필요를 채워주는 것이고, 열매는 주는 자의 선한 뜻
과 행위이다. (13.26.41)

그는 사도 바울이 빌립보 교인들의 선물을 받고 기뻐한 이유는,
자기의 필요가 채워졌기 때문이 아니라 성도들이 선한 일의 열매를
맺었기 때문이라고(빌 4:17) 말한다. 성경에는 이 원리를 설명하는 여
러 예가 있다. 예언자와 의인을 영접하는 것, 제자들에게 냉수 한 그

릇을 주는 것은 모두 "선물"의 행위지만, 이를 "예언자의 이름으로", "의인의 이름으로", "제자의 이름으로" 행할 때, 자기를 드러내지 않을 때, 그것은 "열매"가 된다.

27. 여섯째 날: 참된 자선의 행위

어거스틴은 창세기 1:21에서 가 말하는 "큰 바다짐승(고래)"과 "물고기 떼"는 초신자와 이방인을 신앙으로 인도하는 입교식(세례)과 기적을 상징한다고 믿는다. 그들은 하나님의 종들과 이웃에게 봉사할 때, 그 행동의 목적이 무엇인지 모르면서 일을 하는 경우가 대부분이다. 그러나 열매 없는 사람들의 선물은 영적인 사람에게 기쁨이 될 수가 없다.

어거스틴이『고백록』13권 25~27장에서 교회 사역자들의 필요를 공급하고, 선물과 열매를 구별하며, 진실한 자선 행위의 의미를 깨닫게 하려 한 것은 초신자들을 교육하기 위함이었다.

28. 좋고 또 심히 좋은지라

어거스틴은 창세기 1:1~30을 은유적으로 해석한 뒤, 31절에서 하나님의 창조를 우주론적으로 재해석한다.

> "당신이 만드신 것을 보고 "좋았더라"고 말씀하신 곳이 일곱 번 기록되어 있습니다. 그런데 여덟 번째는 만드신 모든 것을

전체로 보시고 … 심히 좋았더라 말씀하셨습니다.[2] … 왜냐하면 각 지체는 제각기 아름다우나 그 전체는 그들이 잘 조화를 이루고 있기 때문입니다."(13.28.43)

"위에 있는 존재가 아래 있는 존재보다 더 좋으나 모든 피조물이 함께 화합해서 존재한 것이 위에 있는 존재가 홀로 있는 것보다 훨씬 좋다는 것이었습니다."(7.13.19)

어거스틴은 조화를 중시하며, 아름다운 부분들이 모여 질서 정연한 전체를 이룰 때 그 전체가 각 부분보다 더 아름답다고 본다.

29. 시간과 영원의 차이

어거스틴은 하나님의 창조가 영원에서 이루어졌는데도 어떻게 일곱 날에 걸쳐 "좋았더라"라고 말씀하실 수 있는지를 묻자, 하나님께서 그의 내면에 답하셨다고 말한다.

"아 인간아, 성서가 말하는 것은 바로 내 자신이 말하는 것이다. 물론 성서는 시간에 제약된 언어로 말하지만 나의 말은 시간을 초월했기에 그 영향을 받지 않는다. 왜냐하면 내 말은 나와 함께 영원히 있기 때문이다. … 그러나 네가 그것들을 시간 안에서 보지만, 나는 그것을 시간 안에서 보지 않으며, 너

---

[2] 오늘날 성경은 "좋았더라"가 7번 반복된다. 어거스틴 당시 70인역의 라틴어 번역은 오류로 "좋았더라"가 8번 사용되었다. 성한용 옮김, 『성어거스틴의 고백록』, 502.

는 시간 안에서 말하지만 나는 시간 안에서 말하지 않는다."

"그러므로 네가 내 영에 의하여 보는 것을 내가 보듯이, 네가
내 영에 의해 말하는 것을 내가 말한다."(13.29.44)

이 인용문은 어거스틴이 영원의 말씀과 시간 속 말씀의 차이를 밝히는 부분으로, 그의 시간과 영원 이해가 성경의 창조론에서 비롯되었음을 보여준다. 여기서 하나님은 과거와 미래를 초월한 "영원한 현재"(11.11.13)로 이해된다. 어거스틴이 성경 해석에서 성령의 감동을 필수 요소로 강조하는 것도 이러한 영적 체험에서 기인한다.

31. 창세기 1장에 대한 은유적 해석의 요약

어거스틴은 "하나님의 영 외에는 하나님의 일을 알 자가 없다"면, 그것이 하나님의 은혜로 주어진 것임을 어떻게 알 수 있는가?"라고 묻고, 마태복음 10장 20절에서 그 답을 얻었다.

"너희가 그의 영을 통하여 아는 것이라 할지라도 이것은 인간
이 아는 것이 아니요, 하나님의 영이 아는 것이다. 그러므로
하나님의 영을 통하여 말하는 이는 너희가 아니라." (13.31.46)

어거스틴은 『고백록』 13권 29절에서 이 주제를 다루었다. 그는 성령으로 사물을 볼 때 하나님이 우리 안에서 그것을 보시며, 성령으로 주신 기쁨은 하나님이 우리 안에서 기뻐하시는 것이라 한다. 피

조물을 대하는 세 종류의 사람이 있다. 창조를 악하게 여기는 자들(마니교도), 하나님과 무관하게 창조를 즐기는 사람들(철학자들), 하나님 안에서 창조를 즐기는 사람들(기독교인)인데 세 번째가 하나님의 영으로 하나님을 사랑하는 자들이다.

32~34. 창조에 대한 요약

지금까지 어거스틴은 창세기 1장을 우주론적, 실존적, 은유적으로 해석하였다. 『고백록』 13권 32절에서 우주론적 설명을 요약하고, 33절에서 실존적 설명을 요약하며, 34절에서 은유적 해석을 요약한다.

35~37. 영원한 안식

어거스틴은 『고백록』의 결론에서 안식론을 다루면서, 하나님께 저녁이 없는 안식일의 평화를 허락해 주실 것을 간구한다. (13.35.50) 안식일에 저녁이 없다는 것은 하나님께서 시간에서 영원으로 이어지는 영속성을 주셨음을 뜻한다. (13.35.51)

1) 안식 속 창조

"당신은 심히 좋은 그 피조물들을 다 만드신 다음 일곱째 날에 안식하였습니다. (창 2:2~3) 물론 당신은 이 모든 것을 계속 안식하시면서도 동시에 창조하십니다." (13.35.51)

하나님의 창조가 안식 속에서 이루어졌다는 것은, 첫째 하나님의 안식은 노동 후의 휴식이 아니라 본질적 안식이다. 둘째, 하나님은 영원한 안식 가운데 창조와 섭리를 행하신다. 셋째, 창조의 목적은 모든 피조물이 하나님 안식에 참여하는 것이다.

어거스틴은 『고백록』의 마지막에서 안식을 추구하며, 독자를 다시 첫머리(1.1.1)로 이끈다.

"우리도 당신이 하라 하신 선한 일을(이 세상에서) 다 마친 후 영생의 안식일에 당신 안에서 편히 쉬기 원합니다."(13.36.51).

2) 영원한 안식

"그 영원한 안식일에는 당신이 지금 우리 안에서 역사하시듯, 우리 안에서도 안식하실 것입니다. 우리가 지금 하는 선한 일이 실은 당신이 우리를 통해서 하시는 일이오니, 그때의 우리의 안식도 실은 당신이 우리를 통해서 누리는 안식일 것입니다. 오 주님, 그러나 당신은 항상 일하시고 항상 안식하십니다."(13.37.52)

어거스틴은 『파우스트 논박』에서 요 5:17을 인용하여 하나님의 영원한 안식과 시간 속 지속적 사역이 동시에 이루어진다고 설명한다. 그는 하나님이 지금 우리 안에서 일하시듯, 종말에는 우리 안에서 안식을 누리신다고 하여 종말론적 안식과 현재적 은혜를 연결한다.

> "당신은 시간 안에서 보시거나, 시간 안에서 움직이시거나, 시간 안에서 안식하지 않으십니다. 그러나 당신은 우리가 시간 안에서 보는 모든 것들과 그 시간 자체를 지으셨고, 또한 그 시간에서 오는 휴식도 마련해 주십니다."(13.37.52)

하나님은 영원한 안식에 거하시면서도 시간과 피조물을 창조하시고, 모든 피조물에 안식을 주시며 시간 속에서도 계속 일하신다.

3) 하나님 안에서 안식

> "우리는 그들이 존재함을 우리의 육신의 눈을 통하여 봅니다. 그리고 그들의 좋음은 우리의 마음의 눈을 통하여 보게 됩니다. 그러나 당신은 만들고자 하신 것을 보실 때 이미 만들어진 것을 보십니다."(13.37.53)

이 표현은 어거스틴의 창조론, 시간론, 인식론이 하나로 만나는 지점이다. 인간은 감각으로 존재를 보고, 지성으로 선함을 인식하지만 하나님은 창조 의도 안에서 피조물의 완전한 모습을 미리 보시고 창조하신다. 좋음(善)이란 하나님이 의도하신 창조의 목적을 발견하는 것이다.

어거스틴은 『고백록』의 마지막 구절에서 창조-타락-회심-완성으로 이어지는 자신의 생애 과정을 성찰한다. 그리고 안식을 간구한다.

> "그렇지만 우리가 이런 일을 끝마친 후, 당신의 위대하신 성화 속에서 안식하기를 소망합니다. 선 자체이신 당신은 당

신 이외의 다른 선을 필요로 하지 않으시므로 항상 안식하십니다. 그것은 당신 자신이 당신의 안식이시기 때문입니다."(13.38.53).

그는 한 인간이 다른 인간에게 완성에 이르는 여정의 결말을 가르칠 수 없다고 말하며, 우리는 그것을 하나님 안에서 찾고, 하나님의 문을 두드려야 한다고 강조한다. (13.38.53)

부록

어거스틴의 시간론

어거스틴의 시간 이해는 단순한 물리적 흐름의 개념을 넘어서서 신학적, 존재론적, 심리학적, 실존적, 형이상학적 차원까지 포괄하는 종합적인 체계다. 그는 시간을 창조, 인간의 마음, 하나님의 영원성, 실존적 고통, 그리고 구원에 이르는 여러 층위에서 설명한다.

1) 우주론적 차원: 시간의 기원과 본질
시간은 하나님의 창조와 함께 시작된 피조물의 질서이며, 생성과 소멸의 흐름 속에 존재한다. 본질적으로 흘러 사라지는 상대적 비존재이다.

2) 존재론적 차원: 시간과 존재의 불균형
시간은 존재의 기초를 이루지만 전체적으로 파악할 수 없는 실재이며, 불완전하고 고정되지 않은 존재이다.

3) 심리학적 차원: 시간의 내면적 구조
시간은 외적 흐름이 아니라 인간 의식 안에서 구성된다. 과거는 기억, 현재는 직관, 미래는 기대로 인식되며, 이 모두는 현재 안에 통합된다. 시간은 곧 영혼의 심리적 경험이다.

4) 실존적 차원: 시간 속 인간의 경험

인간은 시간 속에서 무상성과 분열을 경험하며, 그로 인해 진리와 영원을 갈망하게 된다. 시간은 실존적 성찰과 구원의 요청을 일으킨다.

5) 신학적 차원: 하나님과 시간의 관계

하나님은 시간을 영원의 맥락에서 통합하시며, 그의 시간은 항상 현재이다. 하나님의 형상인 인간도 기억, 직관, 기대를 현재 안에서 통합할 수 있다. 마음은 안정화를 통해 시간을 고정하며, 그 대상보다 높은 위치에 선다.

6) 시간과 영원의 관계: 만남과 간극

인간은 시간 속에서 순간적으로 영원을 체험할 수 있으나, 이는 지속되지 않는다. 영원은 인간 존재의 완성을 향한 초월적 소망의 대상이다.

구분	핵심	내용
우주론적	시간은 창조와 함께 시작	비존재에 가까운 흐름
존재론적	붙잡을 수 없는 부분적 인식	불완전한 존재
심리학적	기억·직관·기대의 통합	시간은 영혼의 확장
실존적	시간 속에서의 분열과 소멸	실존적 구원 요청
신학적	하나님은 영원 속에 있으며	시간 전체를 현재로 통합
시간-영원 관계	순간적 영원 체험	시간 속에서 영원을 사모함

어거스틴의 인간론

막스 쉘러는 "인간은 자기 자신에게 수수께끼이며, 철학은 '인간이란 무엇인가'를 밝히는 학문"이라고 말했다. 어거스틴의 인간 이해는 철학뿐 아니라 신학의 핵심 과제라고 보았다. 그는 『고백록』에서 "당신의 말씀을 듣는다는 것은 곧 자기 자신을 아는 것입니다"(10.3.3)라고 고백하며, 참된 자기 인식은 하나님 인식과 연결되어 있음을 강조한다.

어거스틴에 따르면 인간은 몸과 영혼으로 이루어진 존재이며, 하나님과 동물 사이에 놓인 중간자적 존재이다. 영혼은 육체를 살리는 생명이요, 하나님은 영혼의 생명이다(『고백록』 3.6.10; 10.20.29 『삼위일체론』 14.11.14).

1) 인간론

> "당신은 우리 인간의 마음을 움직여(*exitare*) 당신을 찬양하고 즐기게 하십니다. 당신은 우리를, 당신을 향해서(*ad te*) 살도록 창조하셨으므로 우리 마음이 당신 안에서(*in te*) 안식할 때까지는 편안하지 않습니다."(1.1.1)

그는 인간의 세 가지 모습을 드러낸다.

> **본래적 인간**(*ad te*): 하나님의 창조대로 의도된 인간이며 하나님을 목적으로 삼는 존재

비본래적 인간(abs te): 타락·소외·죄로 불안한 실존이며 자기 사랑을 목적으로 삼는 존재

회복된 인간(in te) : 하나님 안에서 안식하는 존재

어거스틴은 영혼의 기능을 *anima*와 *animus*로 구분하였다. *Anima*는 감각과 생명을 부여하는 기능으로 동물과 공유되며, *animus*는 감각을 사유하고 판단하는 이성적 기능으로 인간에게 고유하다.

더 나아가 어거스틴은 인간 영혼 안에 있는 기억(*memoria*), 이해(*intelligentia*), 의지(*voluntas*)의 구조를 삼위일체 하나님의 형상으로 이해하였다. 이 세 요소는 인간이 하나님의 형상대로 창조되었음을 드러낸다(『삼위일체론』 10.11.17).

그러나 인간은 아담 안에서 타락하였고, 그 결과 전 인류는 하나님 앞에서 죄인이 되었다. 자유의지는 죄로 인해 약화되었고, 하나님의 은총(gratia) 없이는 결코 구원에 이를 수 없다. 어거스틴은 인간의 구원은 전적으로 하나님의 주권적 은혜에 근거한다고 보았다.

궁극적으로 인간은 하나님을 향해 창조되었으며, 하나님 안에서만 참된 안식과 행복을 누릴 수 있다. 그는 『고백록』의 첫 문장에서 "주께서 우리를 주를 위하여 지으셨으니, 우리의 마음은 주 안에서 안식할 때까지 쉼이 없습니다."(1.1.1)라고 고백하며, 인간 존재의 목적이 하나님과의 연합에 있음을 분명히 한다.

이처럼 어거스틴의 인간론은 존재론, 인식론, 신학이 통합된 깊은 성찰로, 인간이 누구이며 어디로 향하는지를 설명하는 고전적 기독교 인간 이해의 근간을 이룬다.

구분	내용
인간 이해의 출발점	참된 자기 인식은 하나님 인식과 불가분(고백록 10.3.3)
인간 존재의 구조	인간은 몸과 영혼으로 구성 중간자: 동물과 하나님 사이의 존재
영혼의 기능	*Anima*: 감각·생명 부여 (동물과 공유) *Animus*: 이성·판단 (인간 고유)
삼위일체 형상	기억, 이해, 의지 하나님의 형상 (삼위일체론 10.11.17)
타락과 은총	아담 안에서 인류 전체가 타락 자유의지는 약화됨 구원은 하나님의 은총에 전적으로 의존
인간 존재의 목적	"주를 위하여 지으심" (고백록 1.1.1) 하나님 안에서만 참된 안식과 행복을 누림
인간론의 성격	존재론, 인식론, 신학이 통합된 고전적 기독교 인간 이해의 정수

어거스틴과 성서해석

하르낙은 "어거스틴 이전에는 그처럼 성서를 자주 인용하고 활용한 인물이 없었다"고 평가했다. 실제로 어거스틴은 『창세기 강의』, 『로마서 주석』, 『시편 강해』, 『요한복음 강해』 등 다양한 주석서를 통해 성경을 해설하며 복음서 기자들 간의 일치성을 강조했다.[1] 또한 그는 397년 제3차 카르타고 종교회의에서 신약 정경 형성에 중요한 역할을 했다.

---

1) 그의 저술들 속에서 인용한 성서 내용은 어림잡아 42,816개(구약 13,276. 신약 29,540) 이다. (Augustinus, 최민순 역, 『고백록』 2010:10)

1) 어거스틴의 성경해석 원리

첫째, 성경은 하나님의 영감으로 기록된 책이므로 해석자는 두려움과 떨림 속에서 신앙과 사랑의 자세를 지녀야 한다.
둘째, 이성이 도달할 수 있는 모든 수단은 해석의 도구로 활용될 수 있다.
셋째, 이교도 안의 진리도 기독교의 자산으로 수용될 수 있다.
넷째, 성경의 의미가 불분명할 때는 문맥과 명확한 구절, 역사적 연구에 근거하며, 문자적 표현은 문자적으로, 상징적 표현은 상징적으로 해석해야 한다.

어거스틴의 성경 해석은 영적 순종을 전제로 하면서도 이성을 존중하고, 성령의 조명 아래 이루어져야 함을 강조한다. 그는 보편 진리에 열린 자세를 지녔으며, 문자적·상징적 해석의 균형과 문맥·역사 연구에 기초한 통전적 접근을 통해 자의적 해석을 경계했다.

2) 문자적 해석과 상징적 해석 구별법

첫째, 하나님이나 선지자의 분명한 가혹한 표현은 문자적으로 해석해야 한다.
둘째, 상스러운 표현은 상징적으로 해석해야 한다.
셋째, 모든 상징적 해석은 사랑의 덕을 세우는 목적을 가져야 한다.
넷째, 악을 금하고 선을 촉진하는 계명은 그대로 따르고, 그 반대의 내용은 상징적으로 해석해야 한다.

어거스틴은 본문의 문학적 성격과 표현 방식에 따라 해석 방식을 신중히 구분했으며, 무비판적 미화나 일률적 적용을 지양했다. 그는 모든 해석의 목적이 개인의 덕을 세우고 공동체에 유익을 주는 데 있어야 하며, 단순한 의미 파악을 넘어 윤리적·실천적 방향으로 나아가야 한다고 보았다. 특히 그는 성경의 도덕성과 하나님의 선하심이 해석을 통해 왜곡되지 않도록 일관된 원칙을 유지했다.

3) 상징적 성경해석의 한계

첫째, 모든 해석은 그리스도를 중심으로 이루어져야 한다.
둘째, 해석은 반드시 하나님 사랑과 이웃 사랑이라는 계명에 제한받아야 하며, 해석자가 사랑의 덕을 실현한다면 본래 의미에서 다소 벗어나더라도 중대한 오류로 간주되지 않는다.
셋째, 해석은 성경이 선포하고 교회가 인정한 '신앙 규범(regula fidei)'에 근거해야 하며, 이를 통해 올바른 교훈과 신앙의 방향으로 나아가야 한다.

이러한 원칙은 어거스틴이 해석의 중심에 그리스도, 사랑, 그리고 교회의 신앙 전통을 두었음을 잘 보여준다.

4) 성경 저자의 의도가 다양하게 해석될 수 있다.

첫째, 어거스틴은 자신의 해석이 유일한 정답이 아님을 인정했다.
둘째, 해석이 저자의 본래 의도와 다소 다르더라도 사랑의 덕을 세우는 결과를 낳는다면, 그것 역시 진리의 한 측면을 드러내는 유효한 해석으로 받아들일 수 있다고 보았다.

이러한 입장은 어거스틴이 성경 해석에서 다의성, 유익성, 실천적 목적을 중시했음을 보여준다.

어거스틴의 은총론

어거스틴은 386년 회심하였으나, 그의 은총론은 396/7년 「심플리키아누스에게 보내는 편지」에서 결정적 전환점을 맞이하였고, 이는 제2의 회심으로 평가된다. 초기에는 하나님의 선택이 인간의 도덕적 행위에 대한 응답이라 보았으나, 이후에는 전적으로 하나님의 주권적이고 자비로운 은혜에 기초한다고 주장하였다.

> 나는 이전에 인간 의지의 자유를 세우고자 모든 시도를 다 하였으나 하나님의 은혜가 이겼다. 결국 사도바울이 다음과 같이 말한 것은 명백한 진리를 말한 것이었다고 이해할 수밖에 없다. 즉 누가 너를 남달리 구별하였느냐? 네게 있는 것 중에 받지 아니한 것이 무엇이냐? 네가 받았은즉 어찌하여 받지 아니한 것같이 자랑하느냐? (고전 4:7)[2]

『고백록』에서 그는 1~6권에 걸쳐 "자비"를 중심으로 은혜를 조명

---

[2] 「심플리키아누스에게 보내는 편지」 제1권 2문항, 로마서 9장 주석에서 나오는 내용, 권진호, "아우구스티누스의 고백록에 나타난 은총론," 「신학논단」 80(2015), 37-38 재인용

하며, 죄의 용서, 정욕의 절제, 세례, 성서 통찰, 성도의 실천에서 이를 드러낸다. 7~8권에서는 "은총"을 중심으로, 창조와 보전, 성육신, 성령의 내적 역사라는 세 가지 방식으로 은총이 작용함을 설명한다. 이를 통해 인간은 영원을 지향하고 정욕을 극복할 수 있으며, 어거스틴은 "은총의 박사"로 불리게 되었다.

412~421년 펠라기우스와의 논쟁을 통해 은총론은 더욱 체계화되었다. 펠라기우스는 인간의 자율성과 공로를 강조하며 은총의 절대성을 부정하였으나, 어거스틴은 인간은 타락 이후 은총 없이는 구원에 이를 수 없다고 반박하였다. 그는 구원 전체가 하나님의 은혜에 달려 있으며, 인간이 스스로 구원할 수 있다고 믿는 순간 은총은 무의미해진다고 보았다. 결국 펠라기우스는 418년 카르타고 공의회에서 이단으로 정죄되었다.

어거스틴은 인간에게 자유의지가 있다고 인정하지만, 타락 이후 그 의지는 죄에 종속되었으며, 은총은 의지를 파괴하지 않고 본래의 선한 방향으로 회복시킨다고 보았다. 그는 인간의 상태를 *posse non peccare, non posse non peccare, non posse peccare*로 구분하여 타락 전·후와 그리스도의 상태를 구별하였다.

결국 어거스틴의 은총론은 하나님의 주권과 자비에 기초하며, 구원은 인간의 공로가 아니라 성령을 통한 은총의 역사로만 가능하다고 보았다. 그의 사상은 자비, 은총, 자유의지, 성육신, 성령의 내주라는 핵심 교리를 통합하여 기독교 구원론의 표준을 정립하였다.

참고문헌

강상진. "아우구스티누스의 행복론 연구-추구와 소유 사이의 간격을 중심으로." 「중세철학」 21 (2015.12)

고미숙, 홍경희. "아우구스티누스의 인간론과 교육사상." 「인문학논총」 25 (2011.2)

권진호. "아우구스티누스의 『고백록』에 나타난 은총론." 「신학논단」 80 (2015.6)

김경희. "아우구스티누스의 초기 사상에 있어서 언어와 신적조명설의 관계-De Magistro를 중심으로." 「기독교와 철학」 6 (2006.12)

김영원. "아우구스티누스 고백록 10권과 11권에 나타난 기억, 시간과 영원, 그리고 그 기독교 인간론적 함축." 「종교와 문화」 39 (2020.12)

김영철. "아우구스티누스 사상에서의 신인식의 근거로서의 기억 개념." 「東學硏究」 31 (2011.12)

김태규. "아우구스티누스에 나타난 네오플라토니즘-그의 conversio와 itus개념을 중심으로." 「중세철학」 13 (2007.1)

김태규. "아우구스티누스의 인식론-조명의 문제를 중심으로," 「중세철학」 16 (2010.1)

문영식. "아우구스티누스의 '자유로운 여가'(Otium Liberale)의 철학적 함의." 「인문과학연구」 68 (2021.3)

박욱주. "행복한 삶(vita beata)에 대한 기억, 그 망각의 아포리아와 불안: 아우구스티누스 『고백록』(Confessionum) 10권에 대한 하이데거의 현상학적 해석." 「신학과 철학」 32 (2018.5)

서원모. "성경해석과 철학: 아우구스티누스의 창조론을 중심으로," 『중세철학』 22 (2016.12)

선한용 옮김. 『성어거스틴의 고백록』. 대한기독교서회, 2019

선한용. 『성어거스틴의 고백록 해석』. 대한기독교서회, 2019

선한용. 『시간과 영원』. 대한기독교서회, 2016

양명수. "『고백록』11권에 나타난 아우구스티누스의 현상학적 시간론." 「신학사상」 169 (2015 여름)

양성건. "아우구스티누스의 사랑의 덕으로서 자기애," 「프랑스고전문학연구」 22 (2019.11)

유지황. "마음의 신학: 성 어거스틴의『고백록』의 분석적 이해." 「한국교회사학회지」 13 (2003.12)

유지황. "어거스틴의 정의 개념이해: 존재론적 평화의 변증법적 이성극복." 「한국교회사학회지」 12 (2003.6)

이상성. "플로티누스와 어거스틴의 창조론에 관한 고찰." 「신학논단」 33 (2003.11)

이정인. "아우구스티누스는『고백록』11-13권을 왜 썼는가 교육적 해석." 「교육철학」 74 (2020.3)

이재하. "어거스틴의《고백록(De Confessione)》에 나타난 사랑의 개념." 「한국교회사학회지」 23 (2008.12)

차영선. "미겔 몰리노스와 성 아우구스티누스의 신비:『영적안내』와『고백록』을 중심으로." 「문학과 종교」 20-1 (2015.3)

최흥석. "선(善)에 대한 아우구스티누스(Augustinus)의 견해:『선의 본질론』(De Natura Bon)에 나타난 내용을 중심으로." 「신학지남」 76-2 (2009.6)

Arendt, Hannah. Ed., *Love and Saint Augustine*. Chicago: The University of Chicago Press, 1996.

Atkins, E. M. and Dodaro, R. J. Eds. *Ausgustine Political Wrings*. Cambridge: Cambridge University Press, 2004.

Burton, Philip. *Language in the Confessions of Augustine*. NY: Oxfprd University Press, 2007.

Caputo, John D. and Scanlon, Michael J. Eds., *Augustine and Postmodernism: Confessions and Circumfession*. Bloomington and Indianapolice:

Indiana University Press, 2005.

Cary, Phillip. *Inner Grace: Augustine in the Traditions of Plato and Paul.* NY: Oxford University Press, 2008.

Dodaro, Robert and Lawless, George. Eds. *Augustine and His Critics.* London and NY: Routledge, 2005.

Gioia, LuigⅡ *The Theological Epistemology of Augustine's De Trinitate.* NY: Oxfprd University Press, 2008.

González, Justo L. *The Mestizo Augustine: A Theologian Between Two Cultures.* Illinois: The IVP Academic, n.d.

Kenney, John Peter. *The Mysticism of Saint Augustine : Re-reading the Confessions.* NY: Routledge, 2005.

Mattox, John Mark *Saint Augustine and the Theory of Just War.* London and NY: Continuum, 2006.

Meconi, David Vincent. *The One Christ : St. Augustine's Theology of Deification.* Washington, D.C.: The Catholic University of America Press, 2013.

Menn, Stephed. *Descartes and Augustine.* Cambridge: Cambridge University Press, 1998.

O'Daly, Gerard. *Augustine's City of God: A Reader's Guide, 2nd.* NY: Oxford University Press, 2020.

Rigby, Paul. *The Theology of Augustine's Confessions.* Cambridge: Cambridge University Press, 2015.

Stark, Judith Chelius. Ⅱ *Feminist Interpretation of Augustine.* PA: The Pennsylvania State University, 2007.

Teske, Roland J. *To Know God and the Soul: Essays on the Thought of Saint Augustine.* Washington, D.C.: The Catholic University of America Press, 2008.

Teske, Roland J. *Paradoxes of Time in Saint Augustine.* Wisconsin: Marquette

University Press, 1996.

Topping, Ryan N. S. *Happiness and Wisdom: Augustine's Early Theology of Education*. Washington, D.C.: The Catholic University of America Press, 2012.

Vaught, Carl G. *Access to God in Augustine's Confessions Books X-XIII*. NY: State University of New York Press, 2005.

Vaught, Carl G. *Encounter with God in Augustine's Confessions Books VII-IX*. NY: State University of New York Press, 2004.

White, James Boyd. *Let in the light: learning to read St. Augustine's Confessions, with attention to the Latin text*. NY: Columbia University Press, 2002.

고백에서 신학으로 : 어거스틴 고백록 해설

초판 1쇄 발행 2025년 10월 10일

지은이 정병준
펴낸이 민상기
편집장 이숙희
편집자 민경훈

펴낸곳 도서출판 드림북
인쇄소 예림인쇄 **제책** 예림바운딩
총판 하늘유통

·**등록번호** 제 65 호 **등록일자** 2002. 11. 25.
·경기도 양주시 광적면 부흥로 847 경기벤처센터 220호
·Tel (031)829-7722, Fax(031)829-7723

·잘못된 책은 교환해 드립니다.
·이 출판물은 저작권법에 의해 보호를 받는 저작물이므로 무단 복제할 수 없습니다.
·독자의 의견을 기다립니다.
·드림북은 항상 하나님께 드리는 책, 꿈을 주는 책을 만들어 갑니다.